SAVEURS D'ICI

TROUVAILLES GOURMANDES DE MONTRÉAL ET DE SES ENVIRONS

Éditrice : Marie Labrecque
Coordination éditoriale : Marylène Kirouac et Ariane Caron-Lacoste
Révision linguistique : Nolsina Yim
Corrections d'épreuves : Fleur Neesham
Couverture : Axel Pérez de León
Maquette et mise en page : Olivier Lasser

Photos archives de l'auteur sauf :
p. 7 (Cantons-de-l'Est) Olivier Lasser
p. 29 (Lanaudière) Shutterstock / expression photo
p. 69 (Laurentides) Shutterstock / Lukasz Szwaj
p. 167 (Montréal) Shutterstock / nevodka

Catalogage avant publication de Bibliothèque et Archives nationales du Québec et Bibliothèque et Archives Canada

Laurin, Renée, 1963-

Saveurs d'ici : trouvailles gourmandes de Montréal et de ses environs

ISBN 978-2-89761-012-8

1. Produits du terroir - Québec (Province) - Répertoires. 2. Produits agricoles - Commerce - Québec (Province) - Répertoires. 3. Magasins d'alimentation spécialisés - Québec (Province) - Répertoires. 4. Tourisme gastronomique - Québec (Province) - Guides. I. Titre.

HD9014.C33Q8 2016   338.1'7025714   C2016-940060-3

Les éditions du Journal
Groupe Ville-Marie Littérature inc.*
Une société de Québecor Média
1055, boulevard René-Lévesque Est, bureau 300
Montréal (Québec) H2L 4S5
Tél. : 514 523-7993
Téléc. : 514 282-7530
Courriel : info@leseditionsdujournal.com
Vice-président à l'édition : Martin Balthazar

Distributeur
Les Messageries ADP inc.*
2315, rue de la Province
Longueuil (Québec) J4G 1G4
Tél. : 450 640-1234
Téléc. : 450 674-6937
* filiale du groupe Sogides inc.
* filiale de Québecor Média inc.

Les éditions du Journal bénéficient du soutien de la Société de développement des entreprises culturelles du Québec (SODEC) pour son programme d'édition.
Gouvernement du Québec – Programme de crédit d'impôt pour l'édition de livres – Gestion SODEC.
Nous remercions le Conseil des arts du Canada de l'aide accordée à notre programme de publication.

Dépôt légal : 2ᵉ trimestre 2016

RENÉE LAURIN

SAVEURS D'ICI

TROUVAILLES GOURMANDES DE MONTRÉAL ET DE SES ENVIRONS

LES **ÉDITIONS**
DU **JOURNAL**

SOMMAIRE

Région
Cantons-de-l'Est

LE CULTE DU YOGOURT

«Sentez comme il fond dans la bouche. C'est une expérience presque sexy», dit Adam Coape-Arnold, 37 ans, copropriétaire de Cult Yogourt, une jeune entreprise de Farnham dans les Cantons-de-l'Est spécialisée dans la fabrication de yogourt grec artisanal.

Il y a quelques années, lui et sa partenaire de vie, Éloïse Grondin-Bouchard, 33 ans, ont quitté leurs emplois à Montréal. Ils avaient un rêve commun : réussir à fabriquer le meilleur yogourt grec de la province. Elle nourrissait une véritable passion pour les yogourts et fromages blancs européens depuis un séjour dans le sud de la France. Il en consommait régulièrement depuis des années pour se remettre de problèmes de santé liés à un parasite intestinal.

Au bout de plusieurs mois d'expérimentations, ils étaient prêts à sortir de l'ombre. Depuis un an, leurs charmants pots de verre aux saveurs originales se vendent à la vitesse de l'éclair, si bien qu'il leur faut déjà trouver une façon d'augmenter leur production pour répondre à la demande.

«Lorsque j'arrive chez un commerçant, j'ai à peine le temps de remplir les frigos que la moitié de mes yogourts sont déjà vendus», dit Adam. Voir le plaisir dans les yeux des consommateurs est sa

plus grande récompense. Aussi, me tend-il un de ces petits pots miraculeux qui, il l'affirme, a déjà fait pleurer un Grec. Le goût de leur produit lui rappelait celui que lui préparait sa grand-mère.

Il me suggère de tremper d'abord ma cuillère en surface pour gouter le yogourt nature, puis de la plonger au fond du pot pour aller chercher la saveur du mélange fruité abricot-lavande. Je peux ensuite mélanger le tout. Il a raison : le résultat en bouche est exquis. Pas étonnant qu'on en redemande. Leur yogourt grec nature à 9 % de matières grasses est aussi savoureux, mais surprend par sa texture. Trop consistant à mon goût pour le manger avec mes granolas le matin (on dirait du fromage blanc), mais sans doute excellent dans une recette, ou pour accompagner un dessert.

Le secret de leur réussite tient à plusieurs facteurs : leur lait d'abord, provenant du troupeau de vaches Jersey d'un fromager de Farnham. Cette espèce rare au Québec en produit un à 5 % de matières grasses, plus riche en protéines que celui des Holstein. Le procédé de fabrication et le type de bactéries employées influencent aussi le goût et la texture. «On a commandé des cultures probiotiques de partout à travers le monde pour expérimenter», explique Éloïse. Ils ont retenu celles de la Scandinavie, de la Bulgarie, de la Grèce et de la mer Caspienne. «Les produits locaux et artisanaux sont tendance. Si l'aliment contribue à une meilleure santé en plus, vous avez une recette gagnante», ajoute Adam.

Lorsqu'il a rencontré Éloïse, elle venait de terminer une formation en nutrition et travaillait comme serveuse dans un restaurant. Lui était employé au service du marketing pour une compagnie de yogourt glacé. C'est là qu'il a noté l'intérêt croissant des consommateurs québécois pour le yogourt grec. En mettant leurs forces en commun, ils sont arrivés à se construire une entreprise pleine de promesses, dans un environnement qui les enchante au plus haut point.

Produits vedettes

YOGOURT GREC NATURE

Fabriqué avec du lait de vache Jersey non homogénéisé à 9 % de matières grasses.

YOGOURT GREC AROMATISÉ

Fabriqué avec du lait de vache Jersey non homogénéisé et des ingrédients locaux dans la mesure du possible. Offert en différentes saveurs selon la saison : chai-vanille, fraise-bergamote, caramel au sel de mer, abricot-lavande, pacanes-érable, café-cardamome, prune-anis étoilé, citron vert.

Cult Yogourt
Fromagerie des Cantons
441, de Normandie Nord
Farnham (Québec) J2N 1W5
Infos : www.cultyogourt.com

LA SANTÉ PAR LE MISO

Quelle étrange idée que de se lancer, au pays du sirop d'érable, dans la fabrication du miso, cette pâte fermentée au goût salé à haute teneur en protéines, mangée quotidiennement par 75 % des Japonais !

« Il fallait être un peu fou », conviennent Suzanne Dionne et Gilbert Boulay, propriétaires des Aliments Massawippi dans les Cantons-de-l'Est.

Lorsqu'ils ont commencé à vendre leurs produits au Québec, au début des années 2000, pratiquement personne, hormis les Asiatiques, ne savait comment le consommer. Mais Suzanne et Gilbert ont tenu bon, motivés par le désir de contribuer à l'amélioration de la santé et de la vitalité des Québécois. « Dans un monde où la malbouffe fait ses ravages dans tout l'Occident, le miso non pasteurisé peut faire contrepoids en apportant plus de vie aux aliments quotidiens », écrit Suzanne dans son livre de recettes consacré au miso.

Diplômée en technologie des aliments et chimie alimentaire, elle a découvert les vertus de cette pâte de soya fermentée lors d'un séjour en Afrique centrale. Elle et son conjoint y travaillaient comme volontaires pour Oxfam. Pendant que Gilbert, ex-ingénieur forestier, s'occupait du reboisement, elle travaillait dans des hôpitaux et centres nutritionnels. « Suzanne a sauvé la vie de dizaine d'enfants sous-alimentés en les nourrissant avec du lait de soya enrichi. En un mois, elle a vidé l'hôpital », raconte Gilbert.

La population locale cultivait le soya, mais là aussi, personne n'avait idée de son utilisation nutritive. Suzanne a commencé ses recherches et mis sur pied des petites entreprises de transformation alimentaire pour aider la population à mieux consommer.

Le miso a particulièrement retenu son attention. « Les Japonais l'étudient depuis 50 ans, souligne-t-elle. Après l'explosion de la bombe nucléaire, un médecin nippon a démontré que les plus grands consommateurs de miso résistaient mieux à l'effet dévastateur des radiations. »

Le miso non pasteurisé, qu'ils sont les seuls à fabriquer au Québec, contient des enzymes qui facilitent la digestion et favorisent l'élimination des toxines. La consommation quotidienne du miso contribuerait à réduire l'acidité, les ulcères, les intolérances et les allergies alimentaires. Plusieurs études réalisées au Japon et aux États-Unis ont également permis de démontrer les propriétés anticancérigènes de la pâte blanche.

Pour une santé optimale, suggèrent Suzanne et Gilbert, il faudrait arriver à troquer notre café du matin pour un bol de soya fumant, comme le font les Japonais. Dans son livre de recettes, elle en propose toute une série pour ajouter ce mets à nos repas.

Les produits des Aliments Massawippi sont disponibles dans la plupart des magasins d'alimentation naturelle du Québec, ainsi que dans plusieurs supermarchés Métro et Loblaws.

Produits vedettes

LE MISO

Offert en sept variétés, dont cinq sur le marché officiel, il fermente de deux à cinq ans selon la variété. On le fabrique généralement avec du soya et du riz, mais aussi avec du sarrasin et du millet. Il faut éviter de le faire cuire et l'ajouter à la toute fin seulement de nos recettes.

LE VITALCÂLIN

Culture de riz biologique fermenté et transformé en farine riche en enzymes et en probiotiques. Elle possède les mêmes propriétés que le miso, sans son côté salé. On peut l'ajouter à tous nos aliments ou breuvages.

LE MISO DAMARI

Ce précieux liquide extrait du miso au terme de sa longue maturation est l'ancêtre du tamari, un condiment semblable à la sauce soya.

Les Aliments Massawippi
C.P. 2718
North Hatley (Québec) J0B 2C0
(819) 842-2264
Infos : www.alimentsmassawippi.com

DÉGUSTER LA POMME AUTREMENT

Au Verger du Clocher, l'histoire de Margareth Pagé et d'Yves Boucher se raconte autour d'un jus de pommes, fraîchement pressé sur une presse artisanale.

Je bois et Margareth attend, les yeux brillants de fierté. Elle sait que leur jus est un des meilleurs à des lieux à la ronde. C'est vrai qu'il est bon, pas trop acide, avec juste ce qu'il faut de sucre pour charmer nos papilles. Dans l'air flotte un délicieux parfum de tartelettes de porc aux pommes tout juste sorties du four. « Elles sont caramélisées avec notre Carminée », m'explique-t-elle.

La Carminée, une réduction de jus de pommes qu'on a comparée à du balsamique vieilli de vingt ans, les a fait connaître il y a huit ans, lorsqu'ils ont décidé de troquer leur vie urbaine pour une aventure plus humaine à la campagne.

« C'est une des meilleures décisions de notre vie », affirme aujourd'hui le couple de producteurs et artisans culinaires. Même si la croissance inattendue de leur entreprise les prend un peu de court ces derniers temps, Margareth savoure plus que jamais le plaisir de brasser le contenu de ses chaudrons sur ses quatre cuisinières en marche, en observant du coin de l'œil sa jument grise qui gambade dans leurs champs.

Tout un contraste avec leur vie d'avant. Le couple avait fondé une compagnie de haute technologie sur la Rive-Sud de Montréal. Ils fabriquaient des systèmes de protection par *microchips*. Les choses n'ont pas fonctionné à leur goût. « On voulait continuer à travailler ensemble, mais dans un cadre plus humain, plus près de la nature », raconte Margareth. En allant visiter une ferme d'élevage d'agneaux, Yves a réalisé qu'il préférerait s'occuper d'un verger. C'est ici, à Saint-Antoine-Abbé, qu'ils ont enraciné leur nouvelle passion à l'ombre du clocher du village. Depuis, Margareth s'amuse à nous inventer de nouveaux délices gastronomiques pendant qu'Yves entretient leurs 7 500 pommiers, gère les commandes, fabrique les vinaigres et donne un coup de main en cuisine.

Pour arriver à survivre avec une aussi petite plantation, la transformation s'imposait. Depuis 2006, 15 produits sont nés d'une même intention : trouver une façon innovante de mettre en valeur les produits de la pomme.

Leurs deux premières créations culinaires, la Carminée et le Rubicond (une infusion de vinaigre de cidre de pommes), ont reçu un accueil inespéré. Primées au Sial 2008, elles sont

maintenant régulièrement utilisées en cuisine par plusieurs grands chefs. Les autres productions (dont un décadent beurre de pomme au caramel) ont été développées au fil des ans à partir de ces deux recettes de base.

Dans la tête de Margareth et d'Yves, les idées de projets fourmillent sans arrêt. La liberté de pouvoir créer sans limites représente pour eux quelque chose de grisant. « Lorsqu'on a la chance de vivre de sa passion, il devient difficile de s'arrêter », ont-ils constaté. L'an dernier, des problèmes de santé ont obligé la jeune femme à ralentir la cadence. Depuis, elle s'est beaucoup questionnée. « Notre plus gros défi, explique-t-elle, c'est de gérer notre croissance intelligemment, en apprenant à respecter nos limites. »

Produits vedettes

LA CARMINÉE DU TERROIR

Développe en bouche un goût de pomme complexe. Riche en tanin et rehaussé d'une pointe de douceur se terminant par une sensation agréable de caramel acidulé. Son utilisation se conjugue sans fin, de l'entrée au dessert.

LE RUBICOND

Un vinaigre de cidre doux parfumé aux épices, fleurs et fruits, avec des effluves de pommes. On l'utilise pour déglacer et rehausser une marinade ou une salade.

LA GELÉE DE VERJUS DE L'ABBÉ SAINT-ANTOINE

Accompagne à merveille une assiette de fromages fins et le foie gras. Les produits du verger sont offerts au Marché des saveurs du Québec (marché Jean-Talon) et dans plusieurs épiceries fines du Québec.

Au Verger du Clocher
4160, rue Lussier
Saint-Antoine-Abbé (Québec) J0S 1N0
(450) 827-1147
Infos : www.auvergerduclocher.com

CULTIVER LE RAISIN CHEZ SOI

Caroline Fontaine n'a que 28 ans et peut déjà se réjouir de voir pousser un peu d'elle-même aux quatre coins du Québec.

Depuis cinq ans, elle vend ses pieds de vigne à des producteurs de petits fruits, ainsi qu'aux jardiniers amateurs qui souhaitent exploiter dans leur cour du raisin de table, aussi sucré et savoureux que les variétés importées du Chili.

Lorsque Vigne chez soi a vu le jour en 2010, personne au Québec n'avait encore osé se spécialiser dans la culture et la vente du raisin de table. C'est en discutant avec son oncle, Alain Breault, pionnier de la vigne à vin chez nous, qu'elle a compris qu'il existait là un marché intéressant à explorer.

À 23 ans, enceinte de son deuxième enfant, elle a plongé dans l'aventure sans trop se poser de questions. Après avoir étudié en soins infirmiers, elle savait déjà qu'il serait plus facile pour

elle de s'occuper des plantes que des humains. Et ce ne sont pas les modèles qui manquent autour d'elle pour l'inspirer. « Dans ma famille, tout le monde est entrepreneur », fait remarquer la jeune femme.

Sur son grand terrain de la région de Granby, les boutures originelles ont été patiemment mises en terre dans une petite serre. Elles lui ont donné ses premiers pieds (près de 10 000), qu'elle a ensuite rapidement vendus. Une partie de sa production a servi ensuite à implanter un vignoble sur une terre louée non loin de chez elle ; deux ans plus tard, elle récoltait les fruits de son labeur.

« Ce n'est pas toujours évident. Il me manque parfois des habiletés, mais je surmonte les obstacles au fur et à mesure qu'ils se présentent, quitte à aller chercher des formations lorsqu'il le faut », affirme cette jeune dynamo, que rien ne semble pouvoir arrêter.

Mère célibataire de deux fillettes de 4 et 7 ans, elle trouve tout de même l'énergie de travailler 80 heures par semaine, 6 mois par année. Dans sa grande serre aux planchers chauffants, elle a installé une petite piscine pour que ses petites puissent s'amuser pendant qu'elle travaille.

Son objectif ultime ? Faire en sorte que la culture et l'autocueillette du raisin de table deviennent aussi populaires chez nous que celle des petits fruits ou des pommes.

BELLE RÉUSSITE

Jusqu'à maintenant, la chance lui sourit. Au bout de trois ans, ses affaires roulaient si rondement qu'elle a dû délaisser sa première serre pour en construire une nouvelle, beaucoup plus grande. Elle a construit elle-même la deuxième avec l'aide d'un seul employé. «J'ai monté des arches de 25 pieds», évoque-t-elle avec fierté. Elle a aussi loué une seconde terre pour développer ses plants.

Les cépages qu'elle cultive proviennent de l'Université du Minnesota. Il s'agit de trois variétés hybrides sans OGM, qui résistent bien à notre climat nordique. «Quelques vignobles faisaient déjà pousser ces cépages, depuis une dizaine d'années, pour permettre à leurs visiteurs de déguster du raisin meilleur au goût que celui utilisé dans la fabrication du vin», explique Caroline.

Ses plantations croissent dans un sol bien drainé, en plein soleil. Les particuliers, qui souhaitent en acheter pour les faire grandir chez eux, doivent les réserver avant le mois de mai. À partir de ce même mois, justement, la jeune horticultrice offre aussi des formations d'une demi-journée pour nous apprendre comment planter et tailler les plants de vigne. Une belle sortie à s'offrir pour célébrer le retour du printemps.

Produits vedettes

LE SOMERSET

Un raisin rouge sans pépin, bon à croquer, sucré et épicé, prêt à la fin août. Résiste bien aux maladies et au froid hivernal, sans protection.

LE TROLLHAUGEN

Un raisin bleu sans pépin, savoureux et sucré. À maturité en août, croissance rapide, excellent pour faire de la gelée ou du jus.

LE BRIANNA

Un raisin vert avec pépins. Grappes chargées, savoureux, excellent pour faire du jus.

Vigne chez soi
528, 3e Rang Est
Sainte-Cécile-de-Mitlon (Québec) J0E 2C0
(450) 775-0482
Infos : www.vigneschezsoi.ca

LA VIE ÉPICÉE DE LA FAMILLE CROUSSET

Le père et le fils cherchaient à mettre un peu de piquant dans leur vie. Ils sont tombés dans les épices, flairant dans cet univers d'odeurs et de saveurs des heures de plaisirs et de découvertes.

Depuis dix ans, la vie de Jacques Crousset et de son fils Guillaume baigne dans les parfums de fines herbes, de cari, de curcuma, de cumin, de cardamome, de poivre noir, de graines de coriandre et autres épices qu'ils importent des quatre coins du monde pour créer, dans leur entrepôt de Magog, des mélanges uniques pour secouer nos habitudes culinaires.

Tout un contraste avec leur vie d'avant. « J'ai toujours aimé les plantes », raconte Jacques. Originaire de la Côte-Nord, il a passé plusieurs années à Montréal à vivre de sa plume, mais caressait secrètement le rêve de renouer un jour avec la paix des grands espaces.

À 40 ans, il a tout vendu pour s'installer sur un grand terrain à Orford, dans les Cantons-de-l'Est. Il a d'abord tenté de faire pousser des plantes médicinales, mais a vite compris qu'il pourrait difficilement arriver à vivre de cette activité.

L'idée de développer le marché des épices lui a alors effleuré l'esprit. « Il y a dix ans, à part le sel, le poivre et la cannelle, il ne se consommait pas beaucoup d'épices au Québec », note M. Crousset. Lui-même admet qu'il avait beaucoup à apprendre dans le domaine, mais l'intérêt était là. Il a beaucoup lu, expérimenté, puis a découvert le plaisir d'inventer toutes sortes de mélanges originaux, dont un à base de sucre d'érable pour rehausser le goût des viandes, des légumes et des salades.

Intrigué par la nouvelle vocation de son père et lui-même passionné de cuisine, Guillaume n'a pas tardé à plonger dans l'aventure lui aussi. Après des études en sciences politiques et un diplôme des HEC, il a déniché du boulot plus ou moins satisfaisant dans le milieu de la construction. « Étonnant, admet-il, mais pas mal plus payant. » À l'époque, il vivait avec sa famille à Rosemont. « Vivre en ville nous coûtait beaucoup plus cher », a-t-il constaté avant de déménager lui aussi à Orford. Chez Crousset, Épices du monde, il s'occupe désormais des ventes et de la distribution. Il laisse son père imaginer des mélanges qui sauront séduire l'odorat de leurs clients, toujours plus nombreux.

Les débuts de l'entreprise n'ont pas été faciles. Il leur a fallu convaincre et éduquer les papilles gustatives aux épices. Les gens ne savaient quoi en faire et surtout, ne comprenaient pas quels avantages ils avaient à payer aussi cher ces produits. Philippe de Vienne, chasseur d'épices bien connu au Québec, leur a ouvert la voie. Les nombreuses émissions de cuisine ont popularisé l'art culinaire, si bien qu'il est devenu de bon ton d'impressionner ses convives en leur préparant des plats originaux qui invitent au voyage des sens.

Depuis cinq ans, les Crousset savourent leur succès. « On a fait notre chemin de croix », se réjouit Guillaume. Ils sont devenus les fournisseurs réguliers de plusieurs hôtels et restaurants. Leurs quelque 200 produits se vendent maintenant partout au Québec, tant dans les épiceries fines que les grandes surfaces. Ne reste plus qu'à conquérir le marché américain.

SAVEURS D'ICI ET D'AILLEURS

28

Produits vedettes

MÉLANGE DE LA CABANE À SUCRE

Un mélange sucré-salé-épicé convenant aussi bien au poisson qu'à la viande. On l'utilise dans tous les types de cuisson. Il peut aussi servir à aromatiser une salade, des légumes racines cuits au four et plus encore.

ÉPICES À SAUMON

Généreusement parfumé à l'érable, avec un soupçon de saveur de noyer. Ce mélange convient à tous les types de poisson.

CARI DE BANGKOK

Épices et noix de coco grillées, le tout parfumé avec un soupçon de limette. Ce mélange relèvera tous les plats à base de lait de coco, la volaille et le poisson.

Tous les produits sont sans gluten et agents de conservation. Les épices utilisées sont entières, non irradiées, en plus d'être traitées et transformées sur place.

Crousset, Épices du monde entier
160, rue Pomerleau
Magog (Québec) J1X 5T5
(819) 868-0796
Infos : www.crousset.com

Région
Lanau-
dière

LE GOÛT DU BONHEUR
DANS UN CHAMP D'AIL

Édith Lachapelle ne travaille pas. Elle joue. Depuis presque 20 ans, elle s'amuse à faire pousser des plantes médicinales sur ses terres de Saint-Liguori. Avec le temps, l'ail est devenu son jeu préféré, une véritable passion. Elle le bichonne et le transforme pour en faire des assaisonnements tout en raffinement, qu'elle emballe soigneusement dans de jolis pots métalliques.

« Quand je suis sur mon tracteur, je resplendis de bonheur », raconte celle qui a tout abandonné à l'âge de 33 ans (chum, travail, maison et animaux), pour se construire une nouvelle vie. De secrétaire, elle est devenue agricultrice et femme d'affaires. « Travailler entre quatre murs ne me ressemblait pas du tout, dit Édith. Je voulais jouer dehors ! »

De la fenêtre de son bureau à Joliette, elle voyait cette dame qui prenait du plaisir à entretenir les platebandes municipales. Le plus beau métier du monde, se disait-elle à l'époque. « Je me suis vue en elle », se souvient Édith. Peu de temps après, elle a commencé des études en horticulture avec une spécialité en herboristerie. Au départ, elle voulait apprendre à cultiver des végétaux pour soulager les animaux.

« Les humains, c'est plus compliqué à soigner. Ils ont des préjugés et s'abandonnent moins facilement », croit-elle. C'est en désherbant le jardin d'une herboriste, où poussait de l'ail à profusion, qu'elle a eu un coup de foudre pour cette plante à bulbe que plusieurs considèrent comme l'aliment médicament par excellence. « Je me suis mise à genoux pour commencer à

travailler et j'ai eu une révélation. C'est comme si l'ail m'avait choisie. Je savais que je ne pourrais pas cultiver autre chose. »

Dans sa première maison louée, à Saint-Jacques, elle cultive ses premiers rangs de cet aliment et s'amuse à recevoir ses amis avec des spaghettis à l'ail. L'idée de faire de la transformation pour mieux gagner sa vie prend alors forme. C'est en 1997 que naît son entreprise, À fleur de pot. À cette époque, elle met au point la recette de sa succulente tartinade à l'ail (un beurre) qu'elle vient tout juste de mettre sur le marché (près de 20 ans plus tard) dans de séduisants tubes colorés. « Cette recette, c'est la réalisation d'une vie pour moi. J'avais un emballage en tête, mais pas assez d'argent pour réaliser mon projet. J'en donnais à mes amis, mais j'ai toujours gardé ma recette pour moi. Je savais que ce serait un succès et ça l'est. Ça sort à coup de deux ! »

Dans sa coquette maison de campagne de Saint-Liguori, achetée et rénovée il y a huit ans, elle popote et invente de nouveaux produits en attendant que la vie lui envoie le vétérinaire qui voudra bien l'aider à mettre au point une nourriture à base d'ail pour soigner les animaux.

D'ici là, elle se dit qu'elle contribue, à sa façon, au mieux-être des humains en leur proposant mille et une façons d'ajouter facilement un peu de son bulbe préféré à leur alimentation quotidienne.

Produits vedettes

L'ail cultivé par Édith est la variété « music »,
une plante d'automne à tige dure et au bulbe mauve.
Il se conserve jusqu'à un an. Il serait plus digeste que celui en provenance d'Asie qu'on trouve dans nos supermarchés. Ses champs sont cultivés avec un souci écologique afin d'offrir un produit sain, de qualité supérieure et bon pour la santé.

NOUVEAUX PRODUITS : tartinade à l'ail et à la fleur d'ail, fleur de sel aromatisée à l'ail et à la fleur d'ail.

Tous ces produits contiennent peu d'autres ingrédients, n'ont aucun agent de conservation et sont sans gluten et sucre. Ils sont aussi vendus au marché de Noël du Jardin botanique de Montréal.

À fleur de pot
1330, rang Montcalm
Saint-Liguori (Québec) J0K 2X0
(450) 834-4888
afleurdepot@ipcommunications.ca
Infos : www.afleurdepot-ail.com

DES CAPRICES QUI ONT DU GOÛT

Bébé, Angéline pleurait beaucoup. Petits caprices ou intolérances alimentaires, ses parents n'ont jamais vraiment su, mais les nuits blanches qu'elle leur a fait vivre auront servi à stimuler la créativité de son père, Serge Morand.

Apiculteur passionné de Saint-Thomas, le propriétaire de Miel Morand cherchait à créer une nouvelle gamme de fins produits gourmets pour percer le marché des épiceries fines, lorsqu'Angéline est née, il y a huit ans déjà. Les humeurs de son adorable fille lui ont inspiré Les caprices d'Angéline, une collection de confitures, vinaigres balsamiques, confits d'oignons et autres petits produits fins, soigneusement emballés, qu'on ne peut pas ignorer sur les tablettes.

Passionné de design, Serge a imaginé pour sa nouvelle gamme de charmantes étiquettes métalliques illustrant une fillette sautant à la corde. Pour se démarquer dans un marché inondé de produits fins, il faut savoir séduire sa clientèle tant par le goût que par le l'emballage. Serge l'a compris rapidement.

Adolescent, il s'amusait à vendre le miel produit avec ses parents sur la ferme familiale de Saint-Barthélemy. Il a vendu ses premiers pots dans un kiosque de fruits et légumes. C'est là qu'il a découvert son côté créatif. « Un de mes clients vendait des tomates dans de petites boîtes de bois. J'ai offert de les lui racheter pour présenter mes pots de miel », raconte l'apiculteur.

Ce fut sa première opération charme. Le miel était déjà délicieux. En décorant les boîtes avec des pochoirs, il a réussi à augmenter ses ventes rapidement. La pharmacie Jean Coutu du coin a commencé à vendre ses boîtes décoratives dans sa section cadeau. À l'époque, elles contenaient du miel liquide, du miel baratté et du miel aux amandes.

Il y a quinze ans, la compagnie Miel Morand a officiellement vu le jour. Pour mettre toutes les chances de son côté, Serge a suivi une formation en graphisme au Collège Salette de Montréal.

S'il travaille de concert avec son épouse et ses employés pour la création des recettes secrètes de l'entreprise, c'est lui qui imagine le *packaging* de leurs 70 créations culinaires. « C'est beaucoup de travail, mais j'adore cet aspect de mon travail », avoue-t-il.

Lorsque son fils Timothé est né, il y a six ans, il n'a pu s'empêcher d'inventer une nouvelle gamme de produits, plus masculine celle-là, pour ne pas risquer de faire des jaloux dans la famille. C'est ainsi que la gamme Timothé, tartinier gourmand est née. Elle comprend, entre autres, plusieurs tartinades de chocolat parfumé et un beurre de pomme à l'érable absolument divin.

Il y a onze mois, une nouvelle frimousse est venue s'ajouter à la famille. Faut-il s'attendre à une nouvelle création ? « Sans aucun doute, admet Serge. Nous n'aurons pas le choix. Angéline a déjà trouvé le nom de la collection de sa petite sœur. On l'appellera sans doute Mademoiselle Félixe. » Reste à inventer les produits qui seront associés à ce joli nom.

Produits vedettes

LES CAPRICES D'ANGÉLINE

Confiture de fraises et bleuets, beurre de caramel, miel baratté naturel, miel de menthe, tartinade de chocolat noir, ketchup aux fruits, gelée de porto, confit d'oignons au porto, vinaigre balsamique et autres délices pour le palais.

TIMOTHÉ, TARTINIER GOURMAND

Chocolat aux noisettes grillées, chocolat aux amandes grillées, chocolat à l'orange, caramel à la fleur de sel, beurre de pomme à l'érable, gelée de porto blanc, confit d'oignons aux canneberges...

Tous les produits sont en vente à la boutique de la ferme.

Miel Morand
510, rang Saint-Charles
Saint-Thomas-de-Joliette (Québec) J0K 3L0
(450) 755-6178
Infos : www.créateursdesaveursetcie.com
ou www.mielmorand.com

LE RETOUR DU CHANVRE

« Ce breuvage est unique en son genre », affirme Christian Boisjoly en désignant la tasse de thé de chanvre fumante, qui infuse sur le comptoir de sa cuisine. « Allez, goûtez-moi ça. C'est absolument délicieux et excellent pour les articulations », insiste le président de la coopérative Lanaufibres qui regroupe 16 cultivateurs de chanvre de la région de Lanaudière.

Depuis 2006, lui et ses collègues, d'anciens cultivateurs de tabac, explorent différentes façons de mettre en valeur les innombrables propriétés du chanvre industriel, une variété de cannabis riche en fibres et faible en THC (tétrahydrocannabinol). « Notre chanvre n'a rien à voir avec celui cultivé par les groupes criminalisés. Le nôtre ne se fume pas », précise M. Boisjoly avec un sourire en coin.

Si son délicieux thé au chanvre ne peut être commercialisé au Québec, c'est que les feuilles de la plante contiennent un taux de THC légèrement plus élevé que le reste de la plante. Il peut toutefois être commandé de Chine et livré chez vous par la poste.

Dans les champs de Lanoraie, on cultive le chanvre industriel surtout pour ses graines qu'on transforme en huile, en farine ou qu'on écale simplement. Les consommateurs peuvent ajouter les noix de chanvre écalées à leurs céréales, yogourts ou autres aliments pour leur donner du goût. « Les graines de chanvre (ou noix de chanvre) sont une excellente source d'omégas-3-6-9, de fer et de protéines », explique M. Boisjoly.

Source de fibres, d'aliments et même de carburant, le chanvre industriel est une ressource mondiale exploitée depuis 10 000 ans. Avec les fibres de la tige, on fabrique des vêtements, des cordes, des filtres à café durables et même des pots à fleurs en mélangeant les fibres avec du plastique.

L'huile tirée des graines est excellente en vinaigrette, mais ne peut être utilisée pour la cuisson. Elle est aussi utilisée pour les soins de beauté, l'éclairage, la fabrication de peintures, de vernis et de préparations médicamenteuses. Malgré tout, sa culture et celle de la marijuana ont été frappées d'interdiction au Canada en 1938 et levées en 1998. Depuis, le pays est devenu le plus gros producteur et transformateur mondial de chanvre industriel.

« Dans l'Est, c'est tout nouveau, note M. Boisjoly. Nous cultivons la plante, mais il y a encore beaucoup de travail à faire pour développer le secteur de la transformation. » Il rappelle que c'est l'effondrement de l'industrie du tabac qui a ouvert la voie à l'exploitation du chanvre dans la région de Lanaudière. « On ne peut pas encore en vivre, mais ça viendra un jour », espère-t-il, lorsque les boulangers comprendront qu'ils peuvent ajouter de la farine de chanvre à leurs pains et pâtisseries, ou que les confiseurs décideront de se distinguer en ajoutant de la graine de chanvre à leurs chocolats et autres confiseries. « Avant, dit-il, nous cultivions le cancer, maintenant on produit de la santé sous forme d'oméga-3. C'est très gratifiant pour nous. »

Produits vedettes

NOIX DE CHANVRE

Excellente source d'oméga-3-6-9, de fer et de protéines. Ne contient aucun gluten. On peut entre autres la saupoudrer sur le yogourt ou les céréales pour déjeuner.

FARINE DE CHANVRE

Source élevée de fibres, de fer, de calcium et d'oméga-3. En boulangerie, la farine de chanvre doit être utilisée en combinaison avec la farine traditionnelle.

HUILE DE CHANVRE

Elle est issue du grain de chanvre et son extraction se fait à pression à froid. Excellente source d'oméga-3 et de vitamines B.

Les produits de la coopérative Lanaufibres sont en vente au Marché des Saveurs du Québec à Montréal et dans plusieurs supermarchés de la région de Lanaudière.

Coop Lanaufibres
101, rue Beaudry Nord
Joliette (Québec) J6E 6A5
(450) 887-7281
Infos : www.cooplanaufibres.com

LE CUEILLEUR DES BOIS

Lorsqu'il a commencé à vendre ses premières plantes sauvages à son comptoir du marché Jean-Talon en 1987, François Brouillard se faisait traiter de vendeur de mauvaises herbes. Aujourd'hui, les « foodies » montréalais et adeptes de l'achat local s'arrachent le fruit de ses cueillettes saisonnières. « Pour moi, il n'y a aucune mauvaise herbe. Elles sont simplement à la mauvaise place », dit-il.

Sa passion contagieuse aura finalement eu raison des plus sceptiques. Pendant plusieurs années, il a approvisionné les plus grands chefs du Québec, dont Normand Laprise du Toqué ! L'an dernier seulement, il a vendu pas moins de 8 000 livres de têtes de violons, sans compter toutes les autres plantes sauvages qui sont venues s'ajouter à son inventaire avec les années.

Natures ou en conserve, transformés en moutardes, épices ou marinades, il s'est donné comme mission de nous faire découvrir les vertus et le goût raffiné du gingembre sauvage, de la laitue de mer, de la roquette sauvage, des racines de phragmites (pour fabriquer un succédané de café), du rapini sauvage, des champignons et des épis de quenouille.

Toutes ces denrées riches en vitamines et minéraux poussent en abondance dans nos forêts et nos champs, en bordure des routes ou du fleuve Saint-Laurent. «Nos grands-mères savaient tout cela, mais cet héritage s'est perdu avec l'industrialisation de l'alimentation», déplore le propriétaire de l'entreprise Les Jardins Sauvages.

Issu de la quatrième génération d'une famille de cueilleurs, François a vite compris qu'il y avait moyen de se nourrir autrement qu'en allant faire ses courses au supermarché. À l'âge de 5 ans, sa grand-mère le traînait avec ses 19 oncles et tantes pour cueillir des fraises des champs. «Je détestais cela, se souvient-il. Je boudais. Pour me punir, on me privait de tarte aux petites fraises.»

Sa famille, originaire de l'Outaouais, fabriquait du vin avec des raisins sauvages ou du sureau et de la gelée de bourgeons d'épinette. Son intérêt pour les plantes sauvages lui vient de là et des nombreuses recherches et lectures effectuées sur le sujet.

Pionnier de la gastronomie forestière au Québec, il s'inquiète de voir proliférer les cueilleurs non expérimentés. «Plus il y aura de monde dans le bois, moins il y aura de coupe à blanc, dit-il, mais il y a une façon de cueillir qui n'est pas toujours respectée. Cela nuit à l'équilibre de nos écosystèmes.» Pour protéger certaines espèces, le gouvernement s'apprête à légiférer. Selon lui, il s'agit d'une bonne nouvelle, dans la mesure où les bons cueilleurs ne se voient pas interdire complètement la vente de produits très recherchés.

D'ici là, lui et sa conjointe, la chef Nancy Hinton, continuent inlassablement de transmettre l'héritage de nos ancêtres en organisant, entre autres, des ateliers soupers thématiques préparés avec des plantes sauvages. L'activité a lieu sur réservation à la Table des Jardins Sauvages, à Saint-Roch-de-l'Achigan.

Les produits de François Brouillard et Nancy Hinton sont disponibles selon les saisons à la Table des Jardins sauvages à Saint-Roch-de-l'Achigan, au marché Jean-Talon et au Marché de Noël de l'Assomption (du 29 novembre au 22 décembre).

Produits vedettes

MOUTARDE AUX CHAMPIGNONS SAUVAGES

Un délicieux mélange forestier composé de six sortes de champignons sauvages. Parfait, entre autres, pour accompagner l'agneau.

HUILE DE CHAMPIGNONS

Préparée à base d'huile de pépins de raisins et d'un mélange de champignons sauvages.

ÉPICES À STEAK SAUVAGES

Une nouveauté, après deux ans de recherche. Le mélange est composé de feuilles d'alliaire, de fruits de sureau, de baies de genièvre, de salsepareille, de champignons séchés, de thé du Labrador, d'aneth et de persil de mer.

Les Jardins Sauvages
17, chemin Martin
Saint-Roch-de-l'Achigan (Québec) J0K 3H0
(450) 588-5125
Infos : www.jardinssauvages.com

DU COCHON NATURELLEMENT BON

«Nos rillettes de porc sont incroyables. Elles fondent dans la bouche», souligne avec fierté Pierre-Luc Forget, le jeune propriétaire de la boucherie du terroir Cochon cent façons de Saint-Jacques, un village de la région de Lanaudière.

Dans la cuisine aménagée au deuxième étage du commerce, ça sent le bon ragoût de pattes de cochon. Estelle Rivest, la mère de Pierre-Luc, prépare une grosse chaudronnée de sa recette maison. La période des fêtes approche à grands pas et elle sait qu'elle en vendra beaucoup. «C'est parce qu'il est bon, dit-elle en souriant. Je mets plus de boulettes que de sauce et j'y ajoute un peu de poulet pour la touche personnelle.»

Cachée dans le fond d'un rang, la boucherie familiale attire les foules depuis deux ans et suscite l'intérêt d'un nombre croissant de restaurateurs. «On commence à avoir un beau problème», dit Pierre-Luc, qui se démène depuis sept ans pour bâtir la notoriété de l'entreprise familiale.

Ses parents, Luc et Estelle, éleveurs de porcs depuis 39 ans, lui fournissent la matière première : 30 bêtes de 200 livres chaque semaine, que Pierre-Luc et ses employés transforment au gré de leurs fantaisies et des désirs des acheteurs, bien sûr. Le souci d'offrir des produits frais, originaux et les plus naturels possible porte ses fruits. «Il y a une demande de plus en plus forte pour les produits du terroir sans gluten. On en profite», dit-il.

De fait, on vient désormais d'aussi loin que Montréal pour acheter leur bavette de porc (un produit unique), carré de porc, boudin à l'ancienne, charcuteries, jambons dans l'épaule et autres cochonnailles. Tous leurs produits sont sans gluten. Ils sont cuisinés à partir de la viande de porcs nourris à base de grains naturels, dans lesquels on ne trouve aucune trace d'hormones, de farines de gras animal ou d'antibiotiques.

UNE ENTREPRISE FAMILIALE

Située sur la terre familiale, la boucherie a ouvert ses portes en novembre 2007. Petit dernier d'une famille de quatre enfants, Pierre-Luc n'avait que 22 ans lorsqu'il a décidé de relever le défi. Il venait de terminer une formation comme comptable agréé et ses parents traversaient une période très difficile. Comme bien d'autres éleveurs, ils n'ont pas été épargnés par la crise qui a secoué l'industrie du porc au début des années 2000. Ils ont dû vendre des terres pour arriver à joindre les deux bouts. Se lancer dans la transformation était leur seule chance de survie à long terme. La famille s'est serré les coudes et le commerce a pu voir le jour.

« J'aime savoir d'où vient ma nourriture », note le jeune homme. La plupart des clients qui viennent acheter les produits de leur boucherie sont comme lui. « Ici, précise son père, Luc Forget, le client sait que nous contrôlons toutes les étapes de transformation. Nous fabriquons notre propre moulée et nous contrôlons la génétique de nos animaux. La seule étape qui nous échappe, c'est l'abattage. » Pour répondre à la demande, la sœur de Pierre-Luc, Caroline Forget, a commencé à vendre leurs produits dans sa boucherie-sandwicherie, Dans la gueule du loup, ouverte récemment à Montréal.

Produits vedettes

CARRÉ DE PORC

En provenance de porcs élevés naturellement. Les moulées sont principalement composées de maïs, de soya et de minéraux. Elles ne contiennent aucun ajout de farines animales, d'hormones ou d'antibiotiques.

JAMBON DANS L'ÉPAULE

Un jambon à l'ancienne mi-cuit avec un os. Il faut le mitonner quatre heures. Dans les supermarchés, on n'en trouve pratiquement plus, selon Pierre-Luc. Offert en sept variétés, dont un fumé à l'ancienne, aromatisé au romarin.

RAGOÛT DE PATTES DE COCHON

La recette traditionnelle d'Estelle. Un plat maison contenant beaucoup de boulettes de porc et quelques morceaux de poulet.

Les produits sont vendus à la boucherie de la ferme, à Saint-Jacques et à la boucherie-sandwicherie Dans la gueule du loup, au 2055, rue Laurier, à Montréal.

Cochon cent façons
Boucherie du Terroir
2555, rang Saint-Jacques
Saint-Jacques (Québec) J0K 2R0
(450) 839-1098
Infos : www.cochoncentfacons.com

LES PLAISIRS DIVINS DE LA VIE MONASTIQUE

Leur quotidien s'enracine dans le silence et la solitude, deux ingrédients essentiels à la prière et à la contemplation, mais ce mode de vie axé sur le dépouillement n'empêche pas les moines cisterciens de l'Abbaye Val Notre-Dame, à Saint-Jean-de-Matha, de passer de longues heures à fabriquer toutes sortes de douceurs sucrées pour les amateurs de plaisirs gourmands.

Le travail fait partie de leur vie et ce, depuis la création de leur communauté d'Oka, en 1881, par des moines trappistes du monastère de Bellefontaine en France. Mais le labeur, dont leur survie dépend, encourage aussi une autre forme de recueillement pour se rapprocher davantage de Dieu. « Nous sommes toujours très attentifs à ce que l'on fait. Le travail manuel aide à prier », explique le frère Martin, chef chocolatier à l'abbaye.

Et la prière, de toute évidence, leur inspire la création de belles et bonnes choses comme le célèbre fromage d'Oka, qui a fait leur réputation dans l'ancien monastère. La communauté a dû vendre sa recette et les droits de fabrication à Agropur en 1975. Ils n'étaient plus assez nombreux pour gérer les activités agricoles.

Les quelque 20 moines qui subsistent misent désormais sur la fabrication de confiseries et de produits du terroir pour assurer leur survie et continuer de contribuer au mieux-être de la population locale. Dans leur nouveau monastère, un bâtiment lumineux aux lignes contemporaines construit dans un décor enchanteur, ils fabriquent depuis 2009 des chocolats fins, des

caramels à tartiner à l'érable, au velouté ou au chocolat, du gâteau aux fruits nature ou enrobé de chocolat noir, ainsi que du beurre d'arachides, de noisettes et d'amandes. Tous ces délices sucrés/salés sont produits de façon artisanale.

« On fabrique du chocolat, mais on n'en mange pas », précise le frère Martin. Le caramel par contre, c'est une autre histoire. La recette développée en collaboration avec Sœur Angèle il y a quelques années a fait craquer jusqu'à maintenant bien des visiteurs de leur épicerie fine (la plus grande de la région de Lanaudière) et les moines n'échappent pas à la tentation.

« On s'accorde ce plaisir de temps à autre, les jours de fête seulement », admet-il en rappelant que les plaisirs sucrés auront toujours leur place sur la table des Québécois. Tant qu'on n'en abuse pas, il estime qu'ils ne peuvent que faire du bien à l'âme. La recette de leur gâteau aux fruits, un gros vendeur à l'approche des fêtes, leur vient de la grand-mère d'un des frères de la communauté. Pour ceux qui apprécient un peu moins la version traditionnelle, le frère Martin a eu l'excellente idée de créer une version enrobée de chocolat noir. Un pur délice.

Au cours des prochaines années, les moines souhaitent augmenter leur production pour arriver à percer les marchés étrangers. Ils espèrent également offrir à leur

clientèle un top dix des meilleurs produits préparés par les prêtres des autres communautés cisterciennes à travers le monde. « Nous voulons aussi exploiter notre forêt et faire découvrir tous les produits comestibles qui y poussent à l'état sauvage », ajoute le frère Martin. Avis aux amateurs de champignons : le choix promet d'être impressionnant.

Produits vedettes

GÂTEAU AUX FRUITS

Nature ou enrobé de chocolat noir, il contient des fruits confits, mais aussi 35 % de tomates vertes. Une belle idée de cadeau d'hôtesse pour la période des fêtes.

BEURRES DE NOIX

L'achat récent d'un broyeur à noix mécanique leur permet désormais de fabriquer d'excellents beurres de noisettes (un véritable péché), d'amandes et d'arachides. Les trois sont délicieusement onctueux et entièrement naturels.

Tous les produits fabriqués par les moines de L'Abbaye Val Notre-Dame peuvent être achetés à leur boutique de Saint-Jean-de-Matha, ainsi que dans plus de 200 points de vente au Québec.

Abbaye Val Notre-Dame
220, chemin de la Montagne-Coupée
St-Jean-de-Matha (Québec) J0K 2S0
(450) 960-2891
Infos : www.abbayevalnotredame.ca

PASSIONNÉS DE NOIX

Alain Perreault n'a que 47 ans, mais rêve déjà du jour où il prendra sa retraite pour s'occuper avec son frère Yvan de leur plantation d'arbres à noix nordiques, à Saint-Ambroise-de-Kildare dans la région de Lanaudière.

«Je me vois déjà me promener tranquillement à l'ombre de notre verger pour regarder nos arbres pousser», confie Alain, un Montréalais épris de grands espaces qui gagne sa vie à titre de consultant en innovation et en valorisation des nouvelles technologies. En 2007, lui et son frère, formateur et fin connaisseur des produits comestibles forestiers, ont créé l'entreprise Au jardin des noix. Ils ont planté 3 000 arbres d'une douzaine d'essences différentes sur la terre de 35 acres rachetée à leurs parents. Les deux frères cherchaient un moyen de valoriser l'héritage familial. «Nous voulions un projet qui serait à la fois innovant et stimulant, sans être trop exigeant sur le plan de la main d'œuvre», explique Alain. La culture des noix indigènes répondait à tous ces critères.

UN CRÉNEAU À DÉVELOPPER

Au Québec, il existe quelques propriétaires de petites noiseraies privées, mais leur production n'est pas commercialisée. À Joliette, le propriétaire de la pépinière Lafeuillée, Bernard Contré, cultive noyers, noisetiers, châtaigniers, caryers et autres arbres et arbustes à noix d'origines diverses. Il teste leur résistance à notre climat, aux maladies et s'amuse à faire des greffes pour améliorer leur potentiel. Jusqu'ici, les frères Perreault sont les seuls à tenter l'expérience de la commercialisation des noix à grande échelle.

« Il y a 20 ou 30 ans à peine, nos grands-parents ramassaient les noix du noyer cendré à l'automne, les mettaient à sécher pendant 3 mois et s'en régalaient durant la période des Fêtes », rappelle Alain. Cette coutume était très répandue au Lac-Saint-Jean et dans le Bas-du-Fleuve.

L'habitude s'est perdue avec l'arrivée sur nos marchés de fruits à coque en provenance des quatre coins du monde. Nous les achetons au gros prix en nous imaginant que notre climat nordique ne se prête pas à leur culture. Alain et Yvan veulent transformer cette perception et encourager d'autres agriculteurs à exploiter ce créneau agricole très prometteur.

Après 6 années de patients labeurs, les deux partenaires ont récolté cette année pas moins de 300 kilos de noix et de noisettes. Des fruits de noyers noirs (semblables aux noix de Grenoble) et de noisetiers surtout, deux espèces qui poussent très bien dans notre climat nordique. C'est encore trop peu de volume pour songer à vendre à grande échelle, mais ils espèrent bientôt arriver à produire 70 000 kilos. Pour le moment, ils se contentent d'approvisionner quelques restaurateurs de la grande région de Montréal et acceptent quelques commandes privées.

« Nous sommes encore à l'étape de l'expérimentation, explique Alain. Ça prend environ dix ans avant de pouvoir produire un volume appréciable. » Cette année encore, les noix ont été ramassées à la main, directement dans l'arbre pour battre de vitesse les écureuils, un de leurs principaux ennemis avec les parasites et les greffes qui ne prennent pas.

Produits vedettes

NOIX DE NOYERS NOIRS

Semblables aux noix de Grenoble en apparence, elles ont un goût acidulé très agréable qui rappelle la pomme verte et le fromage bleu. Le défi : la coque étant très dure, il faut trouver un moyen de les ouvrir sans détruire le fruit à l'intérieur.

NOISETTES DU NOISETIER À LONG BEC

Au goût, elles ont la douceur et la saveur des noisettes que l'on trouve sur le marché. Un hybride du noisetier rustique a été développé au Québec pour arriver à produire des noisettes plus grosses.

Au jardin des noix a aussi planté des carriers ovales et pourra éventuellement offrir aux consommateurs québécois une noix qui ressemble à la pacane. On songe aussi à développer la production de marrons, fruits du châtaigner.

Au jardin des noix
511, rang Kildare
Saint-Ambroise-de-Kildare
(Québec) J0K 1C0
(514) 893-2089
Infos : www.aujardindesnoix.com
www.noixduquebec.org

LES BISCUITS DE MAMIE D'ÉPICES

«Cours, cours, tu ne m'attraperas pas», disait le petit bonhomme de pain d'épices avant de terminer ses jours dans la gueule d'un renard. Triste fin pour un personnage aussi sympathique. Bonne nouvelle: remaniée par Louise Mathieu-Mills, l'histoire de ce personnage mythique prend une tournure beaucoup plus heureuse.

Depuis quinze ans, il est devenu un symbole de générosité et de dévouement pour la cause de l'éducation des enfants. Acheter et croquer un biscuit à son effigie, préparé par les employés et bénévoles de La maison du pain d'épices de Saint-Jean-de-Matha, c'est contribuer, notamment, à alimenter la section des livres préférés de Pain d'Épices, mise sur pieds dans plusieurs bibliothèques municipales de la région de la Matawinie, une des plus touchées par le décrochage scolaire au Québec.

« Si on veut un peu de paix sur cette terre, il nous faut des gens éduqués et formés. L'accès à une éducation de qualité devrait être un droit pour tous », croit Mme Mathieu-Mills. Selon elle, le livre demeurera toujours un des meilleurs outils pour transmettre des valeurs centrées sur le beau et le bon.

Portée par cette vision, elle a fondé en 1999 La Guilde du Pain d'Épices. Depuis, plus de 5 000 enfants ont bénéficié des différents services offerts par la Fondation. L'équipe de La Maison du Pain d'Épices offre des ateliers culturels, culinaires, d'écologie et littéraires. Les fonds générés par ces activités permettent de sélectionner et d'acheter des livres de qualité pour les bibliothèques ciblées. « On a encore beaucoup de pain d'épices sur la planche », dit en souriant Mme Mathieu-Millls.

Avant de prendre sa retraite pour se consacrer à son projet, cette passionnée d'éducation, détentrice d'un doctorat en sciences de l'éducation, a dirigé un département de français dans une école trilingue montréalaise. C'est en visionnant un documentaire sur les horreurs de la guerre du Kosovo en 1996 qu'elle a ressenti l'urgence de faire quelque chose pour les enfants. « J'ai tout reçu dans la vie, dit-elle. J'ai été aimée et j'ai eu la chance d'avoir une belle éducation. J'avais envie de redonner à mon tour. »

Elle et son mari n'ont jamais eu d'enfants. S'occuper de ceux des autres, ceux qui ont eu moins de chance que d'autres dans la vie, leur apparaissait tout naturel. « Il y a des petits qui n'ont pas d'amis. Ils ont maintenant un livre. C'est tellement précieux un livre », souligne celle que les enfants surnomment affectueusement Mamie d'épices.

Entrer dans sa maison magique, c'est se plonger dans les odeurs et les souvenirs de notre enfance où chaque enfant, qu'il soit sage ou non, petit ou grand, aura droit à son biscuit. Outre les

traditionnels biscuits de pains d'épices offerts en trois saveurs (chocolat, érable ou nature), la pain d'épicière en chef prépare des gâteaux, muffins, galettes et tartes aux fruits sur chapelure de pain d'épices.

D'octobre à juin, la maison ouvre ses portes du jeudi au dimanche. Les réservations sont nécessaires pour participer à une activité de décoration de biscuits. Tous les produits sont vendus sur place, chez Les Touilleurs, rue Laurier à Montréal, ou sur leur boutique en ligne.

LA PETITE HISTOIRE DU PAIN D'ÉPICES

Les pains d'épiciers existent depuis le moyen âge. Le plus ancien vestige du pain d'épices remonte à 960 ans après Jésus-Christ. Il s'agit d'une galette trouvée en Chine, composée de froment, de mie et de poivre. Au Québec, la recette de base est inspirée de la tradition anglo-saxonne.

À la Maison du Pain d'Épices, on utilise cinq épices dans tous les produits : le gingembre, la cannelle, la muscade, le clou de girofle et l'anis étoilé. Pour le choix des ingrédients, on prône l'achat local, la culture biologique et le commerce équitable.

La Maison du Pain d'Épices
2181, route Louis Cyr
Saint-Jean-de-Matha
(Québec) J0K 2S0
(450) 886-2542
Infos : www.paindepice.org

DU SAFRAN CULTIVÉ AU QUÉBEC

Lorsque la route de Micheline Sylvestre a croisé celle du safran en novembre 2013, elle a su qu'elle venait de trouver ce qu'elle cherchait depuis longtemps : une plante fragile à aimer et à cultiver, pleine de mystères à découvrir et à partager.

Première surprise : cette délicate fleur mauve, habituellement cultivée sous le chaud soleil des régions de la Méditerranée, s'accommoderait très bien de nos hivers québécois, à la condition de pouvoir compter sur un épais manteau de neige pour la protéger durant la saison morte.

Depuis des millénaires, on en tire une épice précieuse, issue des stigmates séchés des fleurs de safran (crocus sativus).

58

Si elle réjouit l'œil et envoute le nez des épicuriens avec son parfum suave rappelant le foin, elle ne manque pas de fasciner l'imaginaire de tous ceux qui s'intéressent à son histoire.

Dans la mythologie grecque, la légende la plus connue sur le safran met en scène une histoire d'amour impossible : celle de Crocus, un jeune et bel homme tombé éperdument amoureux de l'inaccessible nymphe Smilax. La jeune femme, lassée de son amoureux, aurait transformé son prétendant en fleur de safran pour calmer ses ardeurs. Ses stigmates orange flamboyant symboliseraient la passion immortelle de Crocus pour sa belle Smilax. Une histoire parmi d'autres qui pourrait expliquer les vertus aphrodisiaques qu'on attribue depuis toujours à cette épice légendaire.

« J'aurais voulu découvrir cette passion bien avant », dit celle qui a œuvré dans le milieu du cinéma pendant des années avant de se lancer, il y a un an, dans la culture et la transformation de cette plante mythique avec son frère Pierre Sylvestre et son amie Émilie Bergeron. « Au Québec, c'est nouveau, un projet un peu fou. En plein ce que je cherchais pour exploiter ma terre », raconte Micheline.

À l'issue d'une formation sur l'identification et la cueillette de produits forestiers non ligneux, elle rencontre Nathalie Denault, propriétaire de Pur Safran, première entreprise québécoise à oser la culture du safran à Saint-Élie-de-Caxton, en 2012. Elle lui a transmis tout son savoir sur la culture de cette épice très convoitée.

L'été dernier, Micheline a planté ses bulbes originels avec ses deux partenaires sur les terres de sa fermette de Saint-Damien dans la région de Lanaudière ; ils ont réalisé leur récolte en octobre. « Voir apparaître la première fleur a été un moment magique », se souvient-elle. Après la floraison, tout s'enchaîne rapidement. Nous avons 24 heures pour cueillir les fleurs avant qu'elles ne se fanent. » De la plantation des bulbes à la récolte des fleurs et des stigmates, tout doit être fait à la main. Un travail de moine qui explique le prix élevé de cette épice qu'on a baptisé « l'or rouge ».

Une bonne partie de la première récolte d'Emporium Safran a été vendue à des chefs. Le reste a servi à la confection de produits fins parfumés au safran. « Pour le moment, nous nous sommes limités à la production de sirop et de gelée de safran », explique Micheline. D'autres produits verront le jour sous peu. Chose certaine, la demande est là.

Produits vedettes

SAFRAN

Considéré comme une plante divine, il est utilisé aussi bien comme aromate qu'en teinture, comme médicament ou en parfum. Avant de l'utiliser en cuisine, il doit être infusé longuement pour en développer la saveur optimale.

GELÉE DE SAFRAN

Idéal pour accompagner les fromages, le foie gras et les rillettes.

SIROP DE SAFRAN

Remplace agréablement le sirop d'érable. On peut l'utiliser pour préparer un kir royalement québécois ou pour déglacer un poêlon et préparer une sauce digne des grands gourmets.

Tous les produits transformés sont vendus à La Palette gourmande, rue Sherbrooke, juste à côté du Musée des beaux-arts de Montréal.

Emporium Safran
2584, chemin des Cascades
Saint-Damien (Québec) J0K 2E0
(450) 835-0780
Infos : www.emporium-safran.com

SEMEURS D'ESPOIR

Depuis 2006, Jean-François Lévesque et Guylaine Saint-Vincent sèment et récoltent des graines d'espoir dans leurs immenses jardins de Saint-Damien, dans Lanaudière ; ils rêvent de voir pousser un jour un monde plus respectueux de l'environnement. Leurs semences biologiques artisanales sont vendues principalement à des jardiniers québécois, amateurs de variétés anciennes de fruits et légumes.

Ce n'est pas un hasard si ce couple s'est investi dans la production de semences, au tout début du cycle de la vie végétale. C'est l'aboutissement d'une longue réflexion sur notre mode de vie, un peu trop axé sur la surconsommation, la performance et la rentabilité. « Il est utopique de penser que nous allons pouvoir continuer à vivre ainsi éternellement. Nos ressources ne sont pas illimitées », rappelle Jean-François. Depuis une dizaine d'années, il expérimente avec sa conjointe et leurs enfants une nouvelle façon de vivre en harmonie avec la nature.

LA PERMACULTURE OU LA CULTURE PERMANENTE

Lorsqu'ils ont acquis leur terre en 1996, Jean-François venait de terminer la lecture du livre de Bill Mollison sur la permaculture, soit l'art de cultiver la terre et d'aménager le territoire de façon durable. « Il nous a beaucoup inspirés », dit-il. Pendant dix ans, lui et sa conjointe – tous deux installés à Montréal – ont tranquillement aménagé leur nouveau milieu de vie. Ils ont observé le site et ses particularités, afin de déterminer ce qu'ils pourraient y cultiver tout en tenant compte des contraintes des lieux.

La production de semences biologiques s'est imposée, mais encore fallait-il en trouver qui soient adaptées au climat de leur région. À force de recherches, ils ont opté pour des semences du patrimoine, souvent meilleures au goût et plus résistantes aux maladies, en raison de leur variabilité génétique.

VIVRE SANS HYDRO-QUÉBEC

Ils vivent désormais de façon presque autonome sans avoir à dépendre d'Hydro-Québec. Des panneaux solaires et un immense poêle à bois relié à des planchers de béton chauffants leur fournissent l'énergie nécessaire pour vivre confortablement hiver comme été.

La permaculture, explique Jean-François, c'est l'intégration harmonieuse de l'homme dans son environnement pour qu'il puisse en retirer ce qui lui est nécessaire, soit la nourriture, l'énergie et le logement. C'est une philosophie de vie qui inspire le respect de la nature, de l'humain et encourage le partage équitable des surplus.

Dans leur bureau aménagé au sous-sol de leur grande maison, les deux semenciers et leurs deux employés passent l'hiver à faire le tri et à ensacher les semences récoltées à l'automne. Ils reçoivent les commandes par Internet et effectuent les envois par la poste. Une activité qui leur fournit les revenus nécessaires pour bien vivre, sans avoir à se déplacer très loin.

TENDANCE BIO

« Il y a une nette tendance pour le bio et les produits locaux, se réjouit Jean-François. C'est bon pour nous. » Les passionnés de jardinage sont à son avis plus informés que jamais et ne veulent plus des semences transgéniques de Monsanto qui dominent actuellement le marché. En plus des graines de fruits et légumes, les propriétaires des Jardins de l'Écoumène vendent maintenant des semences d'arbres et arbustes et comptent bientôt revendre les produits sauvages de la forêt environnante.

Leur catalogue contient près de 200 variétés de semences biologiques rares en provenance du monde entier, prêtes à être mises en terre pour faire pousser vos semis à l'intérieur, en attendant le début de la saison du jardinage.

Produits vedettes

TOMATE MÉMÉ DE BEAUCE BIO

Des tomates pesant près d'un kilo chacune et recouvertes d'une peau fine rose, à rouge. Lorsque bien mûre, sa chair fait des merveilles en jus et en coulis.

MAÏS MOHAWK RED BIO

Longtemps cultivé par les peuples mohawks de l'état de New York et du Canada. Ses épis rouges et très foncés donnent une magnifique farine au goût exquis.

CAROTTE PURPLE DRAGON BIO

Carotte à la peau violette avec une chair orange. Riche en antioxydants et en vitamines. Pousse bien dans les régions froides.

POIVRON KING OF THE NORTH

Fruit à chair épaisse, juteuse et sucrée. Rendement et qualité supérieure aux variétés hybrides.

Les Jardins de l'Écoumène
2865, chemin de l'Écoumène
Saint-Damien (Québec) J0K 2E0
(450) 835-1149
Infos : www.ecoumene.com

LA FERME DES COURGES ÉTONNANTES

Elles nous séduisent d'abord par leurs formes et leurs couleurs vives et chaudes évoquant la douceur de l'automne. Puis, on croise la route des propriétaires de la Courgerie, à Saint-Élisabeth, dans la région de Lanaudière et voilà notre palais conquis par un univers de saveurs jusqu'ici méconnues.

Je n'avais jamais mangé auparavant de beurre de courge au sirop d'érable. Maintenant, je salive encore rien que d'y penser. Pascale Coutu, copropriétaire de la Courgerie avec son mari Pierre Tremblay, me fait goûter leurs ketchups, relish et moutardes, un trio de condiments à base de courges au goût délicat et rafraîchissant pour accompagner nos grillades estivales.

RÉGION LANAUDIÈRE...

UN PUR DÉLICE !

«Les choses changent tranquillement, mais encore peu de gens savent comment apprêter les courges», dit Pascale, collectionneuse passionnée de courges depuis maintenant plus de dix ans. Dans sa coquette maison et boutique attenante, la couleur orange est à l'honneur. Son tee-shirt, ses ustensiles de cuisine, la couleur des murs et même son briquet, sont teintés de sa couleur fétiche.

«Je savais que c'était beau une courge, mais pas que c'était aussi bon!», note-t-elle les yeux brillants. C'est son mari, un créatif animé par les plaisirs de la cuisine, qui lui a fait découvrir l'art de préparer ces légumes de mille et une façons. «Je suis sa muse et il s'amuse», dit-elle. Depuis qu'ils ont ajouté le volet cuisine à leur entreprise, en 2005, elle lance des idées et lui les attrape au vol pour les transformer en petits pots de saveurs et autres recettes qu'ils partagent avec leurs visiteurs et dans leurs trois livres de recettes publiés aux éditions Goélette.

L'aventure agrotouristique du couple a débuté en 1999, trois ans après l'achat de la maison de campagne ancestrale des parents de Pascale. «Sept générations de Coutu ont vécu sur cette ferme laitière», souligne-t-elle. Comme la production laitière ne l'intéresse pas, sa mère lui suggère de faire quelque chose à ses couleurs. Un jour, Pascale tombe sur un livre de courges à la librairie Martin de Joliette. Ç'a été le coup de foudre. «C'était beau, comme dans un magazine de Martha Stewart», dit-elle. Et leur terre était parfaite pour accueillir ce genre de culture.

«On a commencé par cultiver trois hectares de citrouilles. Je me suis trouvé un grossiste et j'en ai vendu 10 000 la première année.» Pascale a une formation en tourisme, mais l'idée de lancer un projet agrotouristique ne lui a effleuré l'esprit qu'avec les évènements du 11 septembre 2001. C'était la guerre. Les frontières des États-Unis étaient fermées. Pascale se retrouve coincée avec 100 000 citrouilles et toute sa production de courges, son nouveau dada.

« Il y avait des montagnes orange dans ma cour », se souvient-elle. Ces mêmes montagnes de cucurbitacées sont devenues une véritable attraction touristique. « On s'est mis beau et on a commencé à recevoir la visite. »

Au départ, Pascale gère seule l'entreprise. Puis, Pierre a quitté son poste en ressources humaines en 2005 pour s'occuper du volet cuisine. Aujourd'hui, ils partagent leur passion avec leurs clients, en leur offrant dégustations et conseils culinaires dans un décor enchanteur. En automne, les visiteurs peuvent y cueillir et goûter jusqu'à 300 variétés de courges.

Produits vedettes

TRIO BBQ

Ketchup de courge
Courge, tomates, cassonade, oignons, clou de girofle.

Relish de courge
Courge musquée de Provence, vinaigre, poivrons, oignons et curcuma. Excellent avec des grillades.

Moutarde de courge à l'érable
Graines de moutarde, courge, vinaigre, curcuma, sirop d'érable.

BEURRE DE COURGE

Courges, cassonade, sirop d'érable et beurre

La Courgerie
2321, Grand rang Saint-Pierre
Sainte-Élisabeth (Québec) J0K 2J0
(450) 752-2950
Infos : www.lacourgerie.com

Région
Lauren-
tides

LA MAISON LAVANDE

Véritable plaisir pour les yeux et le nez, la lavande inspire les artistes et parfume délicatement notre corps, nos vêtements et penderies depuis des siècles. Il y a quelques années, d'audacieux cuisiniers ont découvert ses vertus gourmandes et l'utilisent désormais à toutes les sauces. À la Maison Lavande de Saint-Eustache, les propriétaires Nancie Ferron et Daniel Joannette ont flairé la tendance et offrent depuis deux ans, en plus de leurs produits de parfumerie, une gamme de douceurs comestibles parfumées à la lavande.

Sur les tablettes de l'une de leurs deux boutiques champêtres, vous trouverez des pots de caramel toffee aux pacanes et à la lavande, du chutney de pomme, tomate et lavande, un délicieux confit d'oignons à la Saint-Ambroise et à la lavande et une surprenante marmelade d'orange, de coriandre, de gingembre et de lavande. Avec des ajouts gastronomiques à leur menu, les propriétaires offrent désormais à leur clientèle une expérience multisensorielle complète : massage dans les champs, concerts de musique odorants, parfums et crèmes pour le corps, senteurs d'ambiance pour la maison et tisane relaxante à la lavande. Tout y est.

Cinq ans après le démarrage de leur entreprise, leur champ de petites fleurs bleues s'étend maintenant sur un kilomètre et procure de l'emploi à une quarantaine de personnes en été. Une véritable mer mauve et odorante de 100 000 plants de lavande fine d'origine anglaise, qui nous donne l'agréable impression d'avoir été téléportés en Provence. Tout cela, à 30 minutes de Montréal.

Le couple d'ex-journalistes rêvait de ce projet, depuis leur rtetour d'un voyage provençal en 2006. Daniel flirtait avec l'idée d'un retour à la terre, plus près de ses véritables aspirations. De son côté, Nancie souhaitait renouer avec une passion mise de côté depuis un moment : la création de parfums, un métier exercé plus jeune, alors qu'elle travaillait à Dans un jardin. « Je savais que j'y reviendrais un jour », raconte-t-elle. Lorsque TQS a fermé ses portes, en 2008, le couple a plongé dans l'aventure. Daniel à temps complet et Nancie à mi-temps, en continuant à piger pour différents médias.

Ils possédaient déjà la terre, la maison et vivaient sur place depuis 2004. « Daniel avait commencé à faire des tests dans une serre improvisée à la maison », explique Nancie En 2011, elle a laissé tomber sa vie publique pour se consacrer à la conception de nouveaux produits à base de lavande. « J'ai découvert une immense satisfaction à créer », dit-elle. Son métier de journaliste lui aura appris à entreprendre des recherches et à s'entourer des bonnes personnes pour concrétiser ses idées. C'est une dame pleine d'imagination, Pierrette Gauthier, qui conçoit pour le couple tous les produits comestibles. Le travail ne manque pas, mais tous deux ne changeraient pas de vie pour tout l'or du monde.

« Lorsque je me lève le matin, je vois un champ de lavande de ma fenêtre. On ne peut pas se plaindre de cela », se réjouit Nancie.

Produits vedettes

GELÉE DE POMMES À LA LAVANDE
Fabriquée avec les pommes du verger de Pierrette.

CONFIT D'OIGNONS À LA LAVANDE ET À LA BIÈRE SAINT-AMBROISE
Exquis dans vos sandwichs.

CARAMEL TOFFEE AUX PACANES ET À LA LAVANDE
Délicieux sur vos rôties ou sur de la crème glacée à la vanille.

Les produits comestibles sont seulement disponibles sur place.

La Maison Lavande, culture et parfumerie
902, chemin Fresnière
Saint-Eustache (Québec) J7R 0G4
(450) 473-3009
Infos : www.maisonlavande.ca

LE MAGICIEN DES SAVEURS

Les micropousses ont quelque chose de gracieux et de fragile à la fois. De véritables œuvres d'art végétales, belles et bonnes à croquer. Si les grands chefs s'en servent abondamment pour embellir et ajouter une touche de fraîcheur à leurs assiettes, leurs propriétés nutritives sont encore méconnues du grand public.

Depuis qu'il a réussi à améliorer l'état de santé d'un proche en lui faisant manger des micropousses de brocoli en grande quantité, Richard Charpentier, propriétaire de la jeune entreprise Faiseur de Saveurs à Saint-Sauveur, en est devenu un véritable adepte.

Sur la table de son atelier de cuisine, cinq petits plats de sauces, créés à base de ces fragiles végétaux, attendent sagement de se révéler. Leur mission ? Rehausser le goût des quelques fines tranches de canard et pétoncles qu'il fera cuire dans un bouillon fumant. « Avec un petit verre de vin, vous serez convaincue », promet-il. Lorsqu'il est question de gastronomie, Richard Charpentier ne fait pas les choses à moitié. Il se donne à fond, en véritable passionné. « M'asseoir avec ma femme pour souper, c'est toujours le plus beau moment de ma journée. Il faut que ce soit bon », me confie-t-il.

À 61 ans, il réalise enfin son plus grand rêve : celui de mettre sa créativité au service de la cuisine. Après plusieurs détours qui l'ont mené dans les milieux du théâtre, de la musique et de l'informatique, il se retrouve là où il se sent visiblement le mieux : devant ses chaudrons à jongler avec différentes saveurs pour créer des sauces et moutardes peu communes, à la fois agréables au goût et pleines de bienfaits pour le corps.

« Plusieurs études ont déjà démontré que les micropousses contiennent de quatre à six fois plus de nutriments que le légume arrivé à maturité », rappelle-t-il. Chez lui, au cours des cinq dernières années, M. Charpentier en a cultivé jusqu'à 17 sortes à partir de semences biologiques pour aider une personne très chère à recouvrer la santé.

Pour écouler sa production, il s'est mis à en vendre aux restaurateurs des Laurentides. L'idée des sauces à base de microplantes a germé dans son esprit il y a un peu plus d'un an. C'était après en avoir dégusté une dans un restaurant qui, selon lui, annulait le goût de sa viande plutôt que de le rehausser. « Je me suis dit que je pouvais inventer quelque chose de meilleur », dit-il. C'est ainsi qu'il a mis au point ses cinq recettes à base de ces végétaux crus. Avec l'aide du chef de l'Estérel, Jean-Yves Salou, il estime être arrivé à trouver l'équilibre parfait.

L'accueil a été formidable. Depuis, M. Charpentier a le vent dans les voiles. S'il aspire à devenir LE créateur de nouvelles saveurs de sauces au Québec, il s'est aussi lancé dans la fabrication de moutardes au goût unique (truffes noires, pommes, curry, pousses d'ail etc.). «Il n'y a pas de véritable moutardier au Québec, dit-il. Je veux en créer 14 sortes en plus des 5 que nous offrons déjà.»

Les produits de M. Charpentier, au goût frais et légèrement acidulé, accompagneront agréablement vos fondues, sandwichs, burgers, poissons, salades, pommes de terre et riz. On s'en sert aussi pour mariner les viandes.

Produits vedettes

SAUCES

À la micropousse de betteraves, à la coriandre
    et au sirop d'érable.
À la micropousse d'ail et au sirop d'érable.
À la micropousse de moutarde, au curry et au sirop d'érable.
À la micropousse de roquette et de tomates noires.
À la micropousse de trèfle rouge, au gingembre
    et au sirop d'érable.

MOUTARDES CHARPENTIER

Au cari, à la micropousse d'ail, à la truffe noire,
aux pommes et à l'orientale.

Tous les produits sont en vente au Marché des Saveurs du Québec (marché Jean-Talon) et dans plusieurs IGA.

Faiseur de Saveurs
157 D, rue Principale
Saint-Sauveur (Québec) J0R 1R6
(514) 686-3598
Infos : www.faiseurdesaveurs.com

DE LA FARINE COMME AUTREFOIS

Le temps semble s'être figé à l'intérieur du Moulin Légaré de Saint-Eustache, mais étonnamment, les vieilles turbines installées à la fin du 19ᵉ siècle tournent toujours, sauf par très grand froid.

À l'intérieur du bâtiment construit en 1762, les immenses meules de pierre, qui servent à moudre le blé, sont couvertes d'une fine couche de poussière de farine blanche. Le long des murs de pierres, de grands sacs en papier brun s'appuient les uns sur les autres, preuve indéniable que le meunier en poste depuis maintenant 28 ans ne dort pas...

Daniel Saint-Pierre œuvre ainsi inlassablement du matin au soir, été comme hiver, dans le but de faire connaître et de transmettre un savoir-faire très ancien, qui ne s'enseignera probablement jamais dans les écoles. « J'ai la chance de pratiquer l'un des plus vieux métiers du monde, dit cet artisan passionné d'histoire et d'objets anciens. Je dis souvent que j'ai le bonheur de pouvoir travailler dans un musée fonctionnel. »

Avec l'aide de son assistant, Martin Trudel, ils arrivent à produire annuellement entre 30 et 40 tonnes de farine de blé et de sarrasin, tout en respectant religieusement les méthodes traditionnelles de fabrication de la farine. Une quantité suffisante pour répondre aux besoins de la population locale et des touristes venus de loin pour se plonger dans l'atmosphère chaleureuse du plus vieux moulin mû par la force de l'eau et qui n'a jamais cessé de fonctionner, en Amérique du Nord. Au Québec, il n'existerait plus que huit moulins du même genre, selon M. Saint-Pierre. « J'avais 29 ans, lorsque la Corporation

du Moulin Légaré m'a offert le poste de meunier, raconte-t-il. Je ne connaissais rien au métier. À l'époque, je travaillais pour la Canadian Aviation Electronics (CAE). J'ai accepté par amour pour l'histoire, mais aussi à cause de l'environnement de travail extraordinaire qu'on m'offrait. »

Il a tout appris auprès de son prédécesseur, Luc Marineau et de son ami Philippe Légaré, un descendant direct des premiers propriétaires du Moulin, cédé à la Ville en 1978. Depuis, il ne cesse de parfaire ses connaissances en fouillant dans les livres. « Ce qui me passionne dans le métier, ce sont les rencontres et la variété des tâches à accomplir chaque jour, dit-il. Les gens qu'on croise ici sont en vacances, alors ils sont heureux, souriants la plupart du temps. »

Avec son assistant, il doit moudre le blé, nettoyer les lieux, entretenir et réparer l'équipement, recevoir les touristes, s'occuper des ventes, de la distribution de leurs produits etc. « Au cours des prochains jours, nous devrons refaire le piquage des meules pour leur redonner du mordant », explique-t-il. Il rappelle que broyer le grain entre deux meules de pierre demeure aujourd'hui le seul procédé permettant de conserver toutes les composantes du grain, dont le germe de blé, qui contient presque tous les antioxydants et vitamines.

Produits vedettes

FARINE DE BLÉ ENTIER TAMISÉE À 100 %

Les composantes du blé sont l'amidon, le gluten, le germe, le gru et le son. L'ensemble de ces éléments lui confère une couleur brunâtre et donne un léger goût de noisette à la farine. La farine de blé entier est la plus nutritive.

FARINE DE BLÉ ENTIER TAMISÉE À 85 %

La seule différence avec la farine de blé entier tamisée à 100 % est qu'on en a retiré le son, partie la plus riche en fibres alimentaires.

FARINE DE SARRASIN

Les grains moulus donnent une farine grise finement piquetée de noir, au goût de noix. Un excellent substitut au blé pour les personnes allergiques au gluten.

Les farines du Moulin Légaré sont vendues sur place et distribuées dans la plupart des IGA et Métro des environs de Saint-Eustache.

Corporation du Moulin Légaré
232, rue Saint-Eustache
Saint-Eustache (Québec) J7R 2L7
(450) 974-5400
Infos : www.corporationdumoulinlegare.com

S'ABREUVER À L'ARBRE

Ah! le goût subtilement sucré de l'eau d'érable bue à même la chaudière... Lorsqu'on y a goûté une première fois, on en rêve encore en attendant le retour de la saison des sucres. Depuis l'an dernier, toutefois, les amateurs n'ont plus besoin de patienter jusqu'au printemps pour déguster la sève délicatement parfumée de nos érables.

L'eau Oviva est maintenant offerte toute l'année sur les tablettes de la plupart des IGA et Métro de la Belle Province. Les coureurs et autres sportifs la découvrent peu à peu et profitent de ses vertus pour améliorer leurs performances. Les amateurs de cuisine s'en servent pour rehausser la saveur de leurs plats et les nostalgiques s'en régalent simplement, tout en se remémorant la belle époque où l'eau se récoltait encore à la main dans nos érablières.

CONSERVATION DIFFICILE

« La Fédération des producteurs acéricoles du Québec cherchait depuis sept ans un moyen de conserver l'eau d'érable sans perdre l'intégrité de son goût », explique Gino Papineau, un des cinq entrepreneurs originaires de l'Outaouais et des Laurentides qui ont accepté de relever ensemble le défi de la commercialisation de ce produit typiquement québécois. « Le problème, poursuit Gino, c'est que l'eau d'érable contient juste assez de sucre pour attirer les bactéries, mais pas suffisamment pour les repousser. Dès que l'eau se met à couler, elle doit être filtrée, stérilisée, transportée dans une usine de Québec, puis emballée. Tout cela à l'intérieur d'un délai de quatre à six heures. »

Un procédé sophistiqué de stérilisation permet maintenant de conserver l'eau d'érable jusqu'à trois ans. Lorsqu'ils ont accepté de s'occuper de sa mise sur le marché, Gino et son frère Hugo ne connaissaient rien aux produits de l'érable. Les deux frères travaillaient comme entrepreneurs arboricoles pour l'entreprise familiale fondée par leur père. « L'exploitation forestière, c'est loin d'être évident au Québec depuis quelques années, note Gino. Mon frère et moi, on cherchait une nouvelle business. Le projet nous a séduits. »

C'est Gérald Brisebois, un homme d'affaires bien connu en Outaouais pour sa contribution au démarrage de plusieurs établissements agricoles, qui les a mis en contact avec la Fédération des producteurs acéricoles. Pour mener à bien leur projet et en assurer le succès, il leur fallait des actionnaires prêts à donner temps et argent. Pierre Brisebois, le fils de Gérald, ainsi que Normand Saint-Amour, maire de Chute-Saint-Philippe dans le coin de Mont-Laurier et François Saint-Amour, un ingénieur en environnement, ont tous accepté de relever le défi.

Depuis quelques mois, Gino et son frère Hugo se promènent dans les salons d'alimentation et épiceries du Québec pour faire découvrir leur eau d'érable aux consommateurs québécois.

« Jusqu'à maintenant, la réponse est excellente. L'autre jour, une dame a tellement aimé qu'elle est partie avec trois caisses pour pouvoir en donner à tout son entourage », raconte Hugo.

L'eau d'érable coule habituellement pendant quatre semaines. Elle est récoltée et emballée pendant la deuxième et troisième semaine de coulée pour éviter l'amertume des premières et dernières. Elle est certifiée NAPSI (naturelle, authentique, pure, stérile et intégrale), contient 20 calories par portion de 250 ml et 2,25 mg de polyphénols.

« Pour le moment, nous arrivons à produire 150 000 litres d'eau d'érable par année. Notre but est d'en faire un article d'exception, un peu comme le vin, précise Gino Papineau. Peut-être pourrons-nous éventuellement développer des produits connexes. »

L'Eau Oviva est distribuée dans la plupart des IGA et Metro du Québec, ainsi que dans plusieurs épiceries fines.

Eau Érable Oviva
Gino Papineau
(819) 440-4727
Hugo Papineau
(450) 660-2672
Infos : www.oviva.ca

L'HOMME QUI CRÉAIT DES POMMES

Roland Joannin croque dans ses pommes comme d'autres croquent dans la vie : avec délice et passion. Il faut dire qu'on ne parle pas ici de pommes ordinaires.

Depuis 30 ans, cet arboriculteur, hybrideur et conseiller pomicole s'investit corps et âme dans la création de nouvelles variétés de ce fruit, prisé des Québécois, pour aider les producteurs de chez nous à concurrencer les importateurs étrangers. Grâce à son travail acharné, nos pomiculteurs pourraient avoir quatre ou cinq nouvelles variétés de pommes à offrir à leur clientèle d'ici cinq à sept ans.

Sur une parcelle expérimentale de Saint-Joseph-du-Lac, qu'il désigne affectueusement comme son terrain de jeux, plus de 6 000 arbres nés de pépins soigneusement sélectionnés rivalisent pour lui donner un jour la pomme parfaite, celle qui pourra à la fois répondre aux exigences des producteurs et plaire au palais des consommateurs.

Au premier coup d'œil, ces variétés nouvelles, issues d'un long processus d'hybridation, semblent toutes belles et bonnes à croquer, mais peu d'entre elles ont réussi à réunir toutes les caractéristiques nécessaires pour être exploitées à grandes échelles dans nos vergers.

Une première a reçu son brevet cet automne. Belle et ronde avec son teint rosé, la rosinette est le fruit de 20 ans de travail minutieux. Elle est née d'un croisement, en mai 1994, entre un hybride du New Jersey (NJ75) et un pommier inconnu. Elle a séduit son créateur, un Français originaire de Lyon venu s'installer au Québec au début des années 80, par son goût floral légèrement acidulé.

Une deuxième, plus prometteuse encore, la Q370, a été brevetée en janvier 2015. Croquante sous la dent, son goût raffiné rappelle celui des fruits de la passion et du muscat. Si rosinette est le résultat d'un semis de hasard (fécondée par une abeille), la Q370 a été créée par hybridation, un procédé qui consiste à déposer, à l'aide d'un pinceau, du pollen sur les fleurs d'un arbre. Les parents pommiers sont choisis en fonction des caractéristiques recherchées.

«Toute cette aventure est partie lors d'une assemblée de cuisine en 1986», raconte M. Joannin. Des producteurs cherchaient un moyen de concurrencer la pomme verte, granny smith et la jaune, golden délicieuse, toutes deux importées du Chili. «Elles gagnaient en popularité. On voulait arriver à offrir l'équivalent ou mieux», explique-t-il. M. Joannin a réuni une cinquantaine de producteurs québécois. Ensemble, ils ont fondé l'organisme La pomme de demain, un collectif autofinancé par ses membres.

Son mandat : élargir la gamme variétale du Québec et bonifier les variétés existantes en procédant par hybridation, le moyen le plus efficace pour produire des pommes résistantes au climat québécois.

« Il faut être fou pour faire ce que je fais, dit-il. On ne gagne pas sa vie avec ce genre de création ; des redevances pour chaque arbre vendu, sans plus. Je le fais par pur plaisir, mais aussi pour aider les producteurs à se développer. »

Produits vedettes

ROSINETTE

Ce fruit rouge lavé, strié sur fond jaune crème, arrive à maturité autour du 20 septembre. Sa chair blanche, parfois teintée de rose à maturité, est sucrée et fruitée avec une légère touche d'acidité. Croquante et juteuse, elle peut aisément être conservée pour une longue durée. Elle est aussi bonne à cuire qu'à croquer.

La rosinette n'est pas encore offerte dans les grandes chaînes d'alimentation. Demandez-la ! En attendant, on peut la retrouver en septembre dans les kiosques de marchés publics (Jean-Talon, entre autres) et dans les quelques vergers qui la cultivent.

Collectif La Pomme de Demain
roland@agropomme.ca
Infos : www.agropomme.ca

LA RHUBARBE, UN DÉLICE D'ÉTÉ À DÉCOUVRIR

Qu'on soit de la banlieue ou de la campagne, on a tous croqué un jour sa tige de rhubarbe surette, trempée dans la cassonade pour célébrer le retour de l'été. Nos grand-mères et mères en faisaient de délicieuses tartes aux fraises et à la rhubarbe, de la confiture et d'autres desserts décadents, mais l'usage le plus répandu en cuisine de ce légume printanier mal-aimé est assez récent.

Aujourd'hui, on se sert de sa tige pour faire du vin, des jus frais, du pétillant de rhubarbe et des bières de microbrasseries. Au-delà des traditionnelles tartes et gâteaux, les grands chefs lui accordent désormais une place de choix pour réveiller leurs plats salés et nous proposent des recettes hors du commun. Un agneau à la menthe et à la rhubarbe peut-être ?

Aux fermes Serbi de Saint-Eustache, seul producteur québécois à gros volume de ce végétal, on a du pain sur la planche ces jours-ci. La décision des propriétaires de se spécialiser dans la culture de la rhubarbe au début des années 90 aura finalement été la bonne. « Celle en paquet dans les épiceries du Québec avec la recette de tarte, ça vient pas mal toujours de chez nous », souligne fièrement Sébastien Bigras, le dernier né de quatre générations de producteurs maraîchers.

Son arrière-grand-père cultivait la plante et d'autres produits maraîchers sur une terre louée de Laval. Son grand-père et son père ont suivi ses traces. Au milieu des années 70, le développement urbain a obligé la famille Bigras à acheter une terre à Saint-Eustache pour poursuivre ses activités. On y cultive maintenant de la rhubarbe, des tomates et du chou. Sébastien, sa sœur Marie-Eve et leur mère, Suzanne, gèrent l'entreprise avec le sourire aux lèvres, toujours animés par cette passion de l'agriculture que leur a transmise leur père, Serge, décédé il y a quatre ans.

S'ils réussissent à dominer le marché de la rhubarbe au Québec, c'est qu'ils ont racheté, au début des années 90, à peu près tous les plants de leurs concurrents.

« Elle ne s'est jamais vendue beaucoup, fait remarquer Mme Bigras. Maintenant avec l'arrivée des fraises d'automne, on peut étirer la saison. »

La conservation était aussi un problème qui affectait les ventes. Avec la chaleur, la rhubarbe devenait molle rapidement. Après trois jours, on devait la jeter, jusqu'au jour où le mari de Mme Bigras a eu la brillante idée de faire tremper les tiges de la plante fraîchement cueillies dans des bacs d'eau froide à deux degrés Celsius. Grâce à cette technique, elle se conserve désormais au frais pendant presque deux semaines sans problème. Les Fermes Serbi ont commencé à cultiver la rhubarbe en 1975, avec trois arpents. Aujourd'hui, leurs magnifiques champs de ce légume s'étendent à perte de vue sur plus de 35 arpents et peuvent donner jusqu'à 3 récoltes par saison.

PETITE HISTOIRE DE LA RHUBARBE

En Europe, on se sert des feuilles pour envelopper des fromages et du beurre. On donne la racine en nourriture aux cochons. Venue d'Asie, où elle est connue depuis longtemps en médecine traditionnelle, elle n'est apparue en Europe qu'au XVIIe siècle et en France au XIXe siècle, grâce aux Anglais, qui la cultivent encore aujourd'hui en abondance. Cette plante vivace apporte à l'organisme beaucoup de fibres et de minéraux, ainsi que de la vitamine B et C. Attention, les feuilles ne sont pas comestibles. Elles sont toxiques.

La rhubarbe des Fermes Serbi, cultivée sans pesticides, est vendue en saison dans la plupart des épiceries du Québec.

Les Fermes Serbi
841, 25e avenue
Saint-Eustache (Québec) J7R 4K3
(450) 623-2369
Infos : www.serbi.net/fr/

UN COUP DE FOUDRE

Il y a six ans, Amélie Blanchard et Gavin «Sven» Svensson, deux urbains branchés, issus des milieux du théâtre et des communications, étaient loin de se douter qu'ils aboutiraient sur une ferme de Saint-André-Avellin, dans la Petite-Nation, entourée d'une centaine de chèvres. C'est une série de hasards et de rencontres qui ont convaincu le couple d'oser un retour à la terre. Pourquoi ces ruminants ? «Un coup de foudre, tout simplement», explique Amélie.

Elle et Sven louaient un chalet sur un espace agricole de Mirabel. Leur voisine et son mari élevaient des moutons au son de la musique classique. Ensemble, ils filaient leur laine et tricotaient. «Cette rencontre a réveillé mon vieux rêve d'avoir un jour une ferme avec des animaux», raconte la jeune femme de 37 ans.

Plus tard, le couple d'éleveurs lui a présenté une dame avec de longues tresses qui transformait la laine de ses mammifères herbivores. C'est là que le déclic s'est produit.

Sven, qui aspirait lui aussi aux grands espaces, a bien voulu la suivre dans sa folie. Ils ont trouvé un endroit à Saint-André-Avellin, acheté deux chèvres et se sont mis à échafauder tranquillement leur vie, pleine de projets et d'horizons nouveaux.

« Je suis tombé en amour avec elles, dit Sven. Ce sont des animaux attachants, curieux et très intelligents. » S'il continue d'aller faire un saut à Montréal de temps à autre pour prêter sa voix à des publicités (il faut bien vivre), il se passionne désormais pour la génétique et s'amuse à croiser différentes races pour améliorer leur valeur de revente.

C'est après avoir suivi une formation dans le cadre d'un programme d'incubateur d'entreprises agricoles qu'ils ont décidé de se spécialiser dans l'élevage de la chèvre cachemire et nubienne pour la viande, la fibre et la vente d'animaux reproducteurs. Si la viande de chevreau est la plus consommée au monde, elle doit encore faire sa place au Québec, ont constaté les deux propriétaires de la Chèvre d'œuvre. Depuis 2010, ils multiplient leurs efforts pour la faire connaître tant pour son goût raffiné que pour son faible apport en gras.

En ce moment, la demande vient surtout des communautés ethniques. « Les Italiens veulent du chevreau de lait et les Jamaïcains aiment les bons vieux boucs au gout prononcé », remarque Sven. Amélie, qui admet avoir du mal à laisser partir ses protégés pour l'abattoir, se concentre plutôt sur la récolte, le filage et la revente du cachemire.

En rentrant d'une formation au Collège agricole d'Alberta, elle s'est découvert un élan pour le textile et a donc décidé de mettre sur pied un festival d'envergure nationale (le festival Twist), pour encourager l'élevage des animaux à fibres au Québec. « Nous avons réussi à attirer 4 000 personnes dans notre village dès la première année », dit-elle fièrement. « La vie n'est pas toujours facile à la campagne, mais avec un peu de débrouillardise et d'imagination, on peut s'y créer une vie passionnante », pense Amélie.

Produits vedettes

LA VIANDE DE CHEVREAU

Une viande fine et tendre, au goût moins prononcé que l'agneau. Elle se démarque par ses propriétés nutritionnelles. Certains la surnomment « la viande rouge santé ». Elle est faible en cholestérol, plus maigre que la volaille et aussi riche en protéines que le bœuf. On la mange braisée ou en hamburger avec de la menthe. Les bêtes de la ferme sont traitées avec amour et respect.

On peut se procurer la viande à la ferme sur rendez-vous.

La chèvre d'œuvre
957, Route 321 N
Saint-André-Avellin
(Québec) J0V 1W0
(819) 983-1792
Infos : www.lachevredœuvre.com

MANGER DES CHIPS SANS REMORDS

Une odeur de fromage grillé flotte dans l'air. Ça sent bon. Martine Brind'Amour vient de terminer sa production quotidienne de Délices fromagés, des croustilles de kale bio déshydraté pendant dix-huit heures. En rentrant à la maison ce soir, ses deux filles vont encore se plaindre de l'odeur, me glisse-t-elle. Mais si jamais elles ont un petit creux, elles se régaleront.

Ainsi apprêté, le kale (ou chou frisé) craque agréablement sous la dent. Le goût de fromage, une illusion créée à partir de flocons de levure nutritionnelle, atténue agréablement l'amertume du chou. On en mange sans pouvoir s'arrêter, comme les chips ondulées au sel et vinaigre, mais déchargé de toute culpabilité. « On ne mange jamais trop de kale. Ça ne contient que du bon », dit Martine. De la vitamine A, C et K, plus de calcium que dans un verre de lait, de la lutéine pour la santé des yeux, des antioxydants... que demander de plus ?

Aux États-Unis, ces nouvelles collations santé font fureur. En Ontario, elles gagnent en popularité. Martine et son conjoint, Jean-Werner Knackstedt, tentent depuis un an de percer le marché québécois. Pour eux, c'est presque devenu une mission de vie. « Nous avons vraiment l'impression d'être en train de faire quelque chose pour améliorer la vie des gens », disent-ils.

Il y a quelques années, Martine est tombée gravement malade. Une histoire d'horreur échafaudée autour d'un faux diagnostic. Elle avait déjà apprivoisé la maladie de Crohn ; une nourriture végétarienne lui a permis d'en contrôler les symptômes. La nouvelle tuile qui lui est tombée dessus en 2013 l'a incitée à

se tourner vers l'alimentation vivante. Elle s'est mise à manger cru, le plus possible. Depuis, elle et son conjoint ont entrepris beaucoup de recherches. Pour eux, c'est une évidence : la santé passe par le choix de nos aliments et l'adoption d'un style de vie qui nous conviennent ; ils n'érigent pas ces derniers en une religion absolue, se permettent des écarts de temps à autre, mais pas trop.

C'est en distribuant leurs croustilles de kale maison, lors d'une soirée entre amis, que l'idée de les commercialiser a tranquillement fait son chemin. Martine a longtemps travaillé comme infirmière. Elle a suivi un cours de pilotage, a presque déniché un poste de pilote, mais la vie en a décidé autrement. Elle et Jean ont même possédé une auberge au Lac-Simon.

Avec la maladie et des enfants avec des besoins particuliers, Martine a fini par tourner le dos au stress du travail à l'extérieur. La production de chips de kale dans leur sous-sol leur permet de mieux concilier toutes les obligations familiales. Le jour, Jean est employé dans le milieu de l'immobilier et dès qu'il rentre à la maison, il se remet à l'œuvre avec sa conjointe.

« C'est fou, disent-ils. Nous n'avons plus de vie sociale depuis deux ans, mais au moins, nous travaillons pour une bonne cause. » Le vert fait peur. Il y a un gros travail d'éducation à faire, mais tous ceux qui ont goûté à leurs produits Super Kale lors de dégustations repartent avec une boîte sous le bras. Pour réussir leur entreprise de séduction, ils se sont tournés vers des saveurs populaires : Délice au fromage, crème sure et oignon, ail et aneth... et chocolat. Ce dernier choix me laisse un peu perplexe, mais il en faut pour tous les goûts.

Produits vedettes

DÉLICE AU FROMAGE

Chou vert frisé, noix de cajou crues, poivrons rouges, levure nutritionnelle, jus de citron, sel d'ail, sel d'oignon, poivre de Cayenne.

CHOCO FOLIE

Chou vert frisé, amandes crues, sucre de noix de coco, cacao cru, beurre de cacao, noix de coco émietté.

SÛR ET CERTAIN

Chou vert frisé, noix de cajou crues, oignons verts, jus de citron, vinaigre de cidre de pomme, sel d'oignons.

LES INSÉPARABLES

Chou vert frisé, graines de tournesol crues, levure nutritionnelle, jus de citron, nectar d'agave, ail, aneth séché, sel de mer.

Tous les ingrédients utilisés sont biologiques.

Super Kale
Saint-Sauveur (Québec) J0R 1R1
(514) 754-4680
Infos : www.superkale.ca

Région Monté-régie

AU CŒUR DES ARTICHAUTS

Josée Roy, copropriétaire de la Ferme La Fille du Roy en Montérégie, aurait pu se contenter de cultiver le blé, le maïs, le soya et autres grandes cultures comme l'ont fait ses ancêtres depuis six générations. Lorsqu'elle a repris la terre de ses parents en 2007, la fille unique de Germain et Madeleine Roy a voulu se démarquer. Elle a choisi de défier les caprices de notre climat en faisant pousser des artichauts sous l'œil amusé de son partenaire d'affaires et conjoint, Antoine Beauregard. « On ne laisse pas tomber les grandes cultures, mais on en cherchait aussi une différente qui aimait bien l'argile », raconte Josée. « Je dirais plutôt qu'elle est têtue et aime essayer des choses différentes », précise Antoine, avec un sourire en coin.

C'est que la culture de ce légume-fleur, encore méconnu d'une majorité de Québécois, est loin d'être évidente dans un pays où le froid sévit plusieurs mois par année. « L'artichaut est une plante vivace », explique-t-elle. En Europe, on l'exploite toute l'année. Ici, il faut commencer les semis en serre chaque printemps et espérer que les températures chaudes soient au rendez-vous durant la belle saison afin de favoriser leur croissance et assurer ainsi de belles récoltes à la fin septembre.

« Nous n'avons pas été chanceux côté températures cette année », déplore Josée. Le résultat est moins abondant que l'an dernier, mais la qualité et la beauté des 12 000 plants qui s'épanouissent dans leurs champs, à côté des courges, citrouilles et cerises de terre, ne sont pas moins impressionnantes, surtout lorsque la fleur mauve apparaît en fin de saison.

Dès la mi-septembre, le couple accueille les visiteurs qui souhaitent s'initier aux plaisirs de l'autocueillette. Le volet agrotouristique de l'entreprise leur permet d'éduquer les visiteurs sur cette plante potagère et de leur expliquer les nombreuses manières de l'apprêter.

Dans la grange centenaire, qui leur sert à la fois de boutique et de cuisine, on commence à flairer les odeurs de confitures et de marinades. Quelques agriculteurs québécois ont tenté comme eux l'aventure de la culture des artichauts, mais La Fille du Roy serait encore la seule entreprise à les transformer au Québec. « Notre tapenade est le coup de cœur de nos clients », souligne Antoine. On apprécie aussi leurs artichauts marinés à l'italienne, aux fines herbes et au chili. Josée voudrait éventuellement construire un four sur place afin de pouvoir offrir à la clientèle de la pizza, toujours aux artichauts, fraîchement défournée.

Des idées et des projets qui leur permettront, espèrent-ils, de garder bien vivante une tradition familiale agricole survivante depuis 1835, l'année où l'arrière-arrière-grand-père de Josée, Charles Boucher, défrichait pour la première fois leur terre du rang Saint-Simon à Sainte-Madeleine.

Produits vedettes

TAPENADE D'ARTICHAUTS

Un savoureux mélange d'artichauts, de jus de citron, d'huile de canola et de fines herbes. Servir sur des craquelins ou en tartinade dans un sandwich.

MARINADES

Artichauts marinés aux fines herbes, au chili et à l'italienne

Confit d'oignons aux cerises de terre

Salsa aux courgettes

Ferme La Fille du Roy
1920, rang Saint-Simon
Sainte-Madeleine (Québec) J0H 1S0
(450) 795-3579
Infos : www.lafilleduroy.ca

LES DIVINES ASPERGES DE NICOLE ET SIMON

Fraîchement sorties de terre, leurs fines têtes pointées avec assurance vers le ciel, les asperges de Simon Lavallée et Nicole Saint-Jean ont fière allure en cette période de l'année. De véritables reines printanières, belles à croquer, non fibreuses et délicieusement sucrées. « Ce sont les meilleures du Québec », affirme sans hésiter Simon, celui qui, depuis 15 ans, leur prodigue tous les soins nécessaires pour conserver une réputation déjà bien établie auprès de leurs fidèles clients et d'une soixantaine de restaurateurs montréalais.

Normand Laprise, le chef du Toqué !, commande chaque semaine son lot de « bourgeoises », les plus grosses et les plus belles, fraîchement cueillies, nettoyées et coupées à la main par une équipe de passionnés, dont un groupe de travailleurs saisonniers du Mexique, fort appréciés par les propriétaires pour leur professionnalisme.

Un peu plus fines, les « pitchounettes » et les « demoiselles » ont aussi leurs adeptes. « Une simple question de goût », dit Nicole, cette passionnée d'art et de beauté, détentrice d'une maîtrise en histoire de l'art. Au fil des ans, elle a su donner à leur entreprise un charme hors du commun, tout en élevant leurs quatre enfants.

Il faut voir ses magnifiques jardins agrémentés de fontaines et de statues, qui ont tranquillement pris forme en bordure de leurs champs d'asperges et admirer leur coquette maison d'époque.

Ses clients la surnomment « Madame sublime ». Vêtue de sa longue robe mauve et de son tablier à l'effigie de l'entreprise, elle livre elle-même chaque semaine une tonne d'asperges à ses nombreux clients.

Le goût unique de ces légumes s'explique par la qualité du sol dans lequel ils « grandissent » : un sol léger, naturellement riche en matières organiques, qui se draine bien. « Si nous avions écouté les agronomes, nous n'aurions jamais cultivé d'asperges sur notre terre. Elles poussent habituellement mieux dans des sols sablonneux, mais comme notre voisine réussissait à en faire croître de très bonnes, on s'est dit pourquoi pas nous », raconte Simon. Professeur d'éducation physique récemment retraité, il a grandi tout près de sa terre actuelle, sur une ferme laitière de la région de Saint-Aimé. « J'ai toujours été passionné par l'agriculture maraîchère », dit-il.

Lorsqu'ils ont acheté leur propriété à la fin des années 70, M. Lavallée cultivait des concombres l'été, à la fin des classes. Une belle réussite, mais il avait besoin de changement. L'idée des asperges s'est imposée, lorsque la voisine a voulu cesser de produire ses plantations. « En 2000, beaucoup de gens ne savaient pas encore comment les apprêter, raconte Nicole. Il a fallu faire des dégustations, proposer des recettes. »

Si vous prenez la peine de vous rendre sur place, elle se fera un plaisir de vous faire goûter ses asperges à la vinaigrette et sa délicieuse crème d'asperge. Jusqu'à la fin juin, il est encore possible de s'en procurer des fraîches sur place et de profiter de ce petit coin de paradis situé à 30 minnutes de Saint-Hyacinthe.

Produits vedettes

ASPERGES

Offertes en trois grosseurs : « bourgeoises »,
« demoiselles » et « pitchounettes ».
On les mange crues, cuites à point et refroidies avec un filet de vinaigrette, ou encore en velouté d'asperges.
Nicole propose d'autres recettes sur son site.

On peut aussi se procurer les asperges en saison dans plusieurs IGA de la région de Montréal, ou les déguster dans les restaurants énumérés sur le site Internet de l'entreprise.

La Sublime Asperge
620, rang Saint-Thomas
Saint-Aimé/Massueville (Québec) J0G 1K0
(450) 788-2633
Infos : www.lasublimeasperge.com

AMOUREUX DU BON ET DU VRAI

Transformer les fruits de la terre, ceux qu'on a fait pousser soi-même et les partager avec d'autres amoureux du bon et du vrai, c'est la recette du bonheur que se sont construit Johanne Plamondon et Pierre Corriveau. Les deux propriétaires d'Au Fil du Vent, une entreprise de production et de transformation du sureau, du bleuet, du raisin bleu et vert, du piment Gora et d'autres produits du terroir québécois, ont échafaudé leur rêve pendant 20 ans. Dans leur imaginaire d'abord, cherchant ici et là, au hasard de leurs escapades gastronomiques, une terre qui saurait leur convenir un jour.

Tout en élevant leurs deux enfants dans la banlieue de Candiac, ils répétaient tranquillement le scénario de leur vie future. En dehors de son travail d'éducatrice en service de garde, Johanne a toujours aimé recevoir, cuisiner pour les autres, s'occuper de son potager et pulvériser elle-même son piment Gora pour agrémenter ses plats. En 2004, ils ont finalement trouvé leur nid : une vieille maison de 170 ans et une terre fertile à Saint-Jacques-le-Mineur, tout près de Montréal. «Je suis une gourmande née»,

admet candidement celle qui passe désormais ses journées dans sa grande cuisine à préparer amoureusement ses tartinades de fruits et autres délices du terroir. Son conjoint n'a toujours pas quitté son emploi en ville, mais l'heure de la retraite ne saurait tarder.

Élevé à la campagne, Pierre a toujours aimé la nature et la tranquillité des grands espaces. Biochimiste de formation, il n'avait pas beaucoup de connaissances en agriculture, mais il a fouillé et appris. De ses mains, il a planté les 4 000 pieds de vigne qui leur fournissent aujourd'hui une bonne partie des quelque 5 000 livres de fruits à transformer chaque année.

Ses connaissances en biochimie ont permis au couple d'obtenir la texture parfaite pour leurs produits. Toujours, cet art du bon et du vrai, que Johanne cultive avec amour, en évitant de tomber dans la grosse production. «Je peux faire 200 pots de tartinades par jour, mais jamais plus de 30 à la fois», dit-elle.

Récemment, ils ont découvert la manière de fabriquer le verjus, un ancêtre du vinaigre produit à partir du jus de raisins cueillis alors qu'ils ne sont pas tout à fait mûrs. Selon la réputée cuisinière australienne Maggie Beer, ajouter du verjus à nos recettes ou vinaigrettes ferait toute la différence. Johanne confirme sans hésiter : «C'est absolument délicieux!»

À 58 ans chacun, Johanne et Pierre pourraient songer à se reposer un peu, mais ils n'en ressentent pas le besoin. « Nous aimons vendre notre passion, notre lieu. On veut que les gens viennent nous rencontrer en personne pour qu'ils sachent d'où vient leur nourriture et qu'ils puissent associer un visage aux produits qu'ils consomment », soutient Johanne.

L'été, elle se repose en s'occupant de ses jardins alpins et Pierre médite en tondant son gazon avec son tracteur, épiant les renards qui courent dans ses champs. Le soir, après avoir passé toute la journée dans sa cuisine, Johanne s'assoit sous la pergola et tout en savourant la beauté du soleil couchant dans les vignes, elle s'émerveille de constater qu'ils ont finalement réussi à construire leur rêve.

Produits vedettes

TARTINADES DE FRUITS

Aux bleuets, au sureau, au raisin vert ou bleu, elles sont préparées avec plus de fruits et moins de sucre que les confitures traditionnelles.

VERJUS

Issu du pressage de raisin immature, il est moins acide que le citron et plus fruité que le vinaigre. Parfait pour déglacer les sauces, mariner les viandes et préparer vos vinaigrettes.

PIMENT GORA (DIT D'ESPELETTE)

Cultivé et pulvérisé sur place, le Gora est un piment fort qui possède les mêmes propriétés que celui mieux connu sous le nom d'Espelette.

Les produits sont disponibles en ligne, dans leur boutique de Saint-Jacques-le-Mineur et dans plusieurs épiceries fines et marchés de la région de Montréal.

Au Fil du Vent
124, Édouard VII
St-Jacques-le-Mineur (Québec) J0J 1Z0
(450) 444-7581 • Infos : www.aufilduvent.ca

LE GOÛT DU VRAI
AU GRÉ DES CHAMPS

Les fromages fins de Suzanne Dufresne et Daniel Gosselin ont rapidement conquis le cœur et le palais des Québécois pour leur caractère unique. Depuis leur arrivée sur le marché, les amateurs ne s'en lassent plus et continuent de louanger la fromagerie artisanale Au Gré des Champs.

Au cours des dix dernières années, les propriétaires de cette petite entreprise de Saint-Jean-sur-Richelieu ont accumulé les honneurs, remportant plusieurs prix et mentions de la Sélection Caseus (un concours québécois) pour leurs différents produits.

Le secret de leur réussite ? La passion de la nature et de l'authentique, qui peu à peu disparaît au profit de l'industriel, mais aussi, plus simplement, la qualité exceptionnelle de leur lait. Ce détail apparemment anodin est d'une importance

capitale, rappelle Suzanne, celle qui depuis le début s'occupe des opérations de transformation pendant que son mari, Daniel, prend un soin jaloux de leurs 30 vaches laitières et des champs qui les nourrissent.

Au milieu des années 90, elle a quitté son poste de technicienne en informatique à la commission scolaire de Saint-Jean-sur-Richelieu pour se consacrer à temps plein à l'art de la fromagerie. Depuis quelques années, le couple cherchait un moyen de rentabiliser la ferme du père de Daniel, rachetée à la fin des années 80. Lorsque l'idée de la fromagerie a germé, ils avaient déjà franchi plusieurs des étapes nécessaires à la fabrication d'un bon fromage au lait cru, dont l'obtention d'une certification bio pour leurs champs. « Un produit du terroir doit nécessairement être issu d'une agriculture biologique », insiste Suzanne.

C'est à la suite d'une rencontre avec le maître fromager français André Fouillet que Suzanne et Daniel ont compris qu'ils devraient aussi s'assurer de produire un lait de qualité. « Nous avons d'abord éliminé les ensilages de la diète de nos vaches », explique Suzanne. Cette forme d'alimentation fermentée peut donner un mauvais goût au lait et augmente les risques de pathologies. Ils ont ensuite ensemencé leurs champs avec une quinzaine de plantes fleuries et aromatiques.

Ainsi, au gré des saisons, Lisette, la doyenne du troupeau et ses 29 compagnes de race suisse se nourrissent de ciboulette, de chicorée, de thym et d'autres plantes secrètement et jalousement gardées. « C'est ce qui explique la variation dans le goût de nos fromages pendant la belle saison », précise la fromagère.

« Notre plus grand bonheur, c'est de rencontrer les consommateurs en personne et d'entendre leur "hum... que c'est bon..." lorsqu'ils dégustent nos fromages », poursuit Daniel. C'est que le métier de fromager n'est pas toujours facile. La crise de la listériose de 2008 a fait mal aux producteurs de fromages au lait cru. La lourdeur des règles de l'industrie ne leur facilite pas non plus la tâche.

Malgré tout, Suzanne et Daniel s'accrochent pour inspirer les générations futures à maintenir en vie un art qu'ils considèrent comme étant la plus belle expression laitière de notre terroir.

Produits vedettes

Depuis l'ouverture de la fromagerie, six œuvres d'art sont nées des expérimentations de Suzanne. En voici trois :

LE GRÉ DES CHAMPS

Le premier, le plus connu et le plus populaire. Fromage à pâte ferme, vieilli trois mois. Son goût évoque les noisettes et des notes de caramel.

LE D'IBERVILLE

Fromage à pâte demi-ferme, presque molle, affinée deux mois. Il a une saveur d'herbacé (foin) avec des notes de champignons.

LE FRÈRE CHASSEUR

Dernier né de la famille. Pâte ferme, affinée pendant six mois. On le sert en rosette en utilisant une girole. Il goûte les fruits confits avec des notes de caramel.

Les fromages de Au Gré des Champs sont vendus sur place.

Fromagerie Au Gré des Champs
400, rang St-Édouard
Saint-Jean-sur-Richelieu (Québec)
(450) 346-8732
Infos : www.augredeschamps.com
Points de vente sur le site des fromages du Québec :
http ://fromagesduquebec.qc.ca/fr/ou_les_trouver/

LES POUDRES VERTUEUSES DE ROBERT DESMARAIS

On rêve tous d'une poudre «magique», qui nous redonnerait force, santé et vitalité.

Robert Desmarais, un scientifique dans l'âme converti à l'agriculture biologique depuis 27 ans, nous en propose trois : poudres de topinambour, de betteraves et de panais biologiques déshydratés.

Rien de miraculeux, on s'entend, mais lorsque cet homme passionné nous parle des nombreuses vertus de ses aliments, dernière invention d'une longue série d'expérimentations en agriculture, on a envie de se laisser convaincre.

Au cours des dernières années, les légumes racines qu'il cultive et transforme lui-même sur sa terre d'Acton Vale, en Montérégie, ont suscité l'intérêt de nombreux chercheurs. Les études de ces derniers ont permis de démontrer que la consommation régulière des mêmes légumes racines pouvait contribuer à prévenir certaines maladies, tout en améliorant notre état de santé général. « Le topinambour, une fois déshydraté, contient jusqu'à 65 % d'inuline, une fibre naturelle soluble qui nourrit les bonnes bactéries intestinales », explique Robert.

Il y a trois ans, il ne savait rien de tout cela. Il venait de mettre au point une technique de déshydratation pour récupérer ses résidus de carottes biologiques. Le topinambour était alors une culture marginale pour son entreprise, une façon d'exploiter ses terres sablonneuses. C'est en faisant des recherches sur les propriétés de ce légume qu'il a découvert l'étendue de son potentiel.

En activant le système immunitaire, l'inuline, contenue de façon naturelle dans le topinambour, permettrait, entre autres, de prévenir le cancer du côlon, de régulariser le transit intestinal et de diminuer les allergies. L'idée de la poudre de betterave, elle, a germé en début d'année dans le sillon des Jeux olympiques de Sotchi.

Influencés par une série d'études débutées en 2009 par le chercheur Andy Jones, tous les athlètes se sont mis à consommer du jus de betteraves. Ces recherches suggéraient que la forte concentration en nitrates de ces légumes permettait d'accroître le niveau d'énergie et d'endurance. Depuis ces événements, Robert a presque épuisé ses stocks de betteraves déshydratées.

Autre argument convaincant, les bétalaïnes contenues dans un verre de jus de betteraves contribueraient à réduire les douleurs associées à l'arthrite et à l'ostéoporose. Ce groupe d'antioxydants aiderait également à prévenir le cancer de la peau et du poumon.

Et le panais, alors ? « La documentation scientifique est encore faible, admet Robert, mais on croit que cet aliment riche en potassium pourrait aider à nourrir les muscles et à réduire l'acidité corporelle. »

Avec sa fille Arianne, Robert Desmarais espère éventuellement développer de nouveaux marchés pour exploiter le potentiel extraordinaire du topinambour. « On serait capable d'en faire de l'éthanol. La tige servirait aussi de supplément dans l'alimentation des animaux afin de réduire l'usage des antibiotiques. On peut même en produire du fructose », dit-il. Bref, un avenir prometteur, croit-il, pour un petit légume sans prétention.

Produits vedettes

POUDRE DE TOPINAMBOUR BIOLOGIQUE

Aliment cru au goût délicat, sucré, à saveur de noisette. On peut l'ajouter à nos jus, yogourts, sauces et smoothies pour nourrir notre flore intestinale.

POUDRE DE BETTERAVE BIOLOGIQUE

Aliment cru et sucré naturellement. On l'ajoute à nos smoothies, sauces, yogourts, soupes etc.

POUDRE DE PANAIS BIOLOGIQUE

Source de fibres et épaississant naturel au bouquet exquis. Pour rehausser nos potages, sauces et plats mijotés.

Ferme Robert Desmarais
455, route 116 Est
Acton Vale (Québec) J0H 1A0
(450) 642-1183
Infos : www.inuliflora.com

DE LA MOZZARELLA *DI BUFALA* FABRIQUÉE AU QUÉBEC

Nul besoin de se rendre en Italie pour savourer de la mozzarella di bufala fraîche du jour. On peut désormais en trouver chez nous. En juillet 2014, Franco Camparone est devenu le premier artisan fromager à fabriquer en Montérégie la célèbre mozzarella di bufala, ce fromage blanc frais que les Italiens considèrent avec fierté comme leur « or blanc » ou la « reine de la cuisine méditerranéenne ».

Mario Maciocia et Frank Abballe, deux Italiens d'origine et principaux partenaires d'Élevages Buffalo Maciocia en Montérégie, rêvaient de ce grand jour depuis longtemps. Ils avaient le troupeau et le lait. Restait à trouver le fromager capable de concrétiser leur rêve. Fraîchement débarqué d'Italie, Franco était la personne idéale pour concrétiser leur projet. Tout a commencé en 2009 lorsque Mario et Frank ont racheté le troupeau

d'un entrepreneur du Vermont, un docteur qui rêvait lui aussi d'arriver à produire en Amérique le fameux fromage qui donne aux pizzas italiennes ce goût unique. « Son projet n'a pas fonctionné comme il le souhaitait. Il n'arrivait pas à reproduire le goût de la mozzarella italienne », explique Louis Hébert, agronome et consultant embauché par le groupe d'éleveurs de Saint-Charles-sur-Richelieu pour développer le marché des produits à base de lait de bufflonne.

Quant aux deux Italiens, ils ont rapatrié les bêtes américaines au Québec, avec le même rêve en tête : faire revivre chez nous la tradition de la mozzarella, fraîche du jour. « On peut déjà en trouver ici en importation, mais les grand-mères italiennes vous diront qu'elle doit se manger nature le jour même. Après, il faut la cuisiner », raconte M. Hébert. Jusqu'à aujourd'hui, le troupeau compte près de 500 têtes. Des bêtes curieuses, intelligentes, dotées d'une mémoire surprenante, selon Louis Hébert. Elles produisent un lait savoureux, plus riche en gras et en protéines que celui des vaches laitières.

UN YOGOURT AU GOÛT UNIQUE

En attendant de pouvoir produire le fameux produit, M. Hébert a confié l'an dernier à la fromagerie Polyethnique de Saint-Robert, près de Sorel, le contrat de fabrication d'un yogourt de ferme haut de gamme qui prend tranquillement sa place dans les magasins d'aliments naturels et les fromageries spécialisées du Québec.

Le yogourt, nature ou à l'érable, est fabriqué avec du lait entier de bufflonne. Il est homogénéisé et pasteurisé et on ne lui ajoute que des cultures bactériennes actives. « Notre yogourt se vend plus cher que les autres, mais il faut le considérer comme un produit haut de gamme », précise M. Hébert. Il ajoute que le lait de bufflonne a aussi l'avantage d'être mieux toléré par les personnes intolérantes au lactose.

Outre le yogourt, le groupe a confié la production du Majestic, un fromage à pâte semi-ferme, à la fromagerie La Moutonnière à Sainte-Hélène de Chester. Son goût rappelle le *taleggio* ou le *quadrello* italien. Éventuellement, le groupe aimerait aussi arriver à élargir son troupeau pour augmenter sa production de lait. Restera ensuite à convaincre les petits fromagers-artisans d'acheter leur lait pour fabriquer leurs fromages.

Produits vedettes

YOGOURT NATURE

Yogourt ferme, 100 % naturel, fabriqué à partir de lait de bufflonne.

YOGOURT À L'ÉRABLE

Yogourt ferme, 100 % naturel, fabriqué avec du lait de bufflonne et 15 % de sirop d'érable pur. Un délice !

FROMAGE MAJESTIC

Fromage affiné à pâte semi-ferme, fabriqué à partir du lait de bufflonne pasteurisé.

MOZARELLA DI BUFALA

Fromage frais à pâte filée mécaniquement. Se présente sous forme de boule ou de noix.

Élevages Buffalo Maciocia ltée
Saint-Charles-sur-Richelieu
info@bufalamaciocia.ca
Infos : www.bufalamaciocia.ca

UN HEUREUX MARIAGE DE CHOCOLAT, DE FINES HERBES ET D'ÉPICES

Simon Tremblay a toujours eu un faible pour la gastronomie, mais n'avait jamais manifesté d'intérêt particulier pour le chocolat. Sa passion pour ces petites friandises s'est éveillée un soir de décembre, lors d'un souper bien arrosé en compagnie de son ami François Dubé, pâtissier de formation. « Et si on offrait des chocolats maison à nos parents et amis pour Noël », se sont-ils lancés comme défi ce soir-là. Les deux amis ont plongé dans l'aventure, pour le plaisir d'abord et sans se douter qu'un simple coup de tête allait les mener à ouvrir, en 2008, la chocolaterie artisanale À la truffe ! qui fait désormais saliver de bonheur les fins palais, dans le Vieux-Longueuil.

« François avait la technique. C'est lui qui m'a tout appris », raconte Simon qui admet bien humblement avoir plus de talent en gestion qu'en cuisine. Au départ, les deux amis produisaient et écoulaient leurs douceurs dans leur vieille maison historique de Saint-Denis-sur-Richelieu, mais la demande croissante pour leurs chocolats aux saveurs peu communes les a vite obligés à déménager leurs pénates dans le local actuel de la rue Guillaume, dans le Vieux-Longueuil.

« Pendant 4 ans, nous avons travaillé 80 h par semaine en combinant 2 emplois », se souvient Simon. Lui, occupait un poste de gestion en boulangerie et pâtisserie chez Weston, tandis que son ami François continuait d'enseigner la pâtisserie à l'école secondaire Jacques Rousseau.

Lentement, mais sûrement, ils ont imaginé leurs recettes de truffes parfumées aux épices, aux fruits de saison et aux fines herbes, qui sont aujourd'hui leur marque de commerce. Parmi les plus populaires, notons la truffe au piment d'Espelette (Folie passagère), la truffe au caramel salé (Le 7ᵉ ciel), la truffe à l'orange, à la vanille et au piment d'Espelette (l'Indécis) et leur plus gros vendeur, la truffe à la fraise et au basilic (Douce Mariette).

La chocolaterie fait aussi le bonheur de ses clients avec ses Délinquants, un savoureux biscuit au caramel et à la guimauve enrobé de chocolat qui rappelle les Whippet de notre enfance. « Et n'oubliez surtout pas de mentionner leurs caramels aux pêches. Ils sont absolument divins », lance une cliente.

L'an dernier, Simon a perdu son associé, François Dubé. Ce dernier a décidé de quitter la chocolaterie pour se consacrer à temps plein à l'enseignement. Cela n'a pas empêché le jeune entrepreneur de 38 ans de poursuivre l'aventure en solo, allant même jusqu'à ouvrir une deuxième succursale sur la rue Adoncour, en février dernier.

Depuis 2010, il travaille avec une nouvelle pâtissière qu'il a recrutée à sa sortie de l'Institut de tourisme et d'hôtellerie du Québec. Chloé Migneault-Lecavalier travaille maintenant étroitement avec Simon pour développer de nouvelles recettes de truffes et de pâtisseries, toutes plus alléchantes les unes que les autres. « Ce que j'aime le plus de ce métier, c'est son côté créatif. Nous pouvons nous renouveler sans arrêt », se réjouit-il.

Produits vedettes

TRUFFES

Douce Mariette
La douceur des fraises relevée grâce au parfum intense et poivré du basilic.
Folie passagère
Une truffe au piment d'Espelette et poivre de Cayenne, joliment décorée avec des grains croquants de poivre rose. Les clients l'adorent.
Délinquants
Un biscuit Graham sur lequel on a ajouté une couche de caramel et un nuage de guimauve. Le tout enrobé de chocolat. Une délicieuse friandise, qui nous rappelle les Whippet de notre enfance.

Produits vedettes

PÂTISSERIE

Le cochon
Un gâteau étagé, qui porte bien son nom, avec un brownie à la base, une couche de mousse au chocolat au lait et à la pâte de noisettes, un crémeux au chocolat caramelia au centre, une deuxième couche de mousse et un coulis de caramel salé pour enrober le tout. Assurément, le meilleur vendeur depuis l'ouverture de la pâtisserie en février, affirme le propriétaire, Simon Tremblay.

Quelques produits de la chocolaterie À la truffe! sont maintenant offerts au Marché de Chez Nous, la boutique de l'UPA située au 555, boulevard Roland Therrien à Longueuil. L'entreprise fabrique aussi des paniers de Noël sur demande pour le milieu corporatif. M. Tremblay espère être en mesure d'annoncer de nouveaux points de distribution très bientôt.

À la truffe!
Chocolaterie artisanale
629, rue Adoncour
Longueuil (Québec) J4G 2M6
(450) 646-5604
Infos : www.alatruffe.ca

LÉGUMES BIOS ET LOCAUX À L'ANNÉE

Croquer dans un concombre frais, gorgé de soleil, cultivé localement sans aucun pesticide, est désormais possible toute l'année dans un nombre croissant de régions du Québec.

Depuis 2009, on voit tranquillement apparaître dans nos supermarchés des légumes et fines herbes arborant fièrement l'anneau d'or de la certification « Couleur Locale ». Ces produits maraîchers sont exploités en serres, dans un rayon de 80 km autour de chez vous, en employant des méthodes d'agriculture respectueuses de l'environnement. Les légumes doivent avoir été cultivés sans pesticides, à partir de semences sans OGM et vendus sans intermédiaire.

« Ici, on travaille pour les générations futures et pour le bien-être de la planète », dit Yvon Lacoste, propriétaire des Entreprises Lacoste sur la Rive-Sud de Montréal. M. Lacoste est l'un des dix propriétaires de serres maraîchères qui répondent actuellement aux critères de la nouvelle certification québécoise. Depuis quatre ans, il s'investit corps et âme dans son entreprise pour faire pousser des tomates, des concombres et une cinquantaine de variétés de fines herbes dans des conditions contrôlées, qui lui permettent de garantir leur qualité et leur fraîcheur au consommateur. « Ce n'est certainement pas en mangeant mes concombres libanais que vous allez développer un cancer », lance-t-il.

Dans ses 12 serres de 3 000 pieds carrés, ce sont de petits acariens enfermés dans des sachets qui luttent s'il le faut contre

les pucerons envahisseurs. « Sentez-moi ce basilic grec », dit-il fièrement. Son odeur poivrée rappelle la chaleur humide de l'été, les sandwichs aux tomates du potager. Tout ça à 30 minutes de la grande ville encore figée dans la neige et la glace. La culture en serre, c'est l'avenir selon M. Lacoste. Surtout si on aspire à se nourrir localement durant l'année. « Les terres cultivables sont hors de prix. Ici, on arrive à produire entre 500 et 600 livres de concombres libanais par jour, dans très peu d'espace. On peut aussi mieux contrôler la température et la prolifération des insectes ravageurs », fait-il valoir.

Cette année, il a investi 350 000 $ dans l'installation d'un nouveau système de chauffage au gaz naturel, qui devrait permettre de réduire leurs coûts de chauffage de 65 %. « D'ici trois ans, on devrait aussi arriver à récupérer toute notre eau d'arrosage », dit-il. Avec les nouvelles technologies qui se développent, il estime que les coûts d'exploitation des serres devraient diminuer graduellement. « Pour le moment, nos légumes se vendent à peine 15 % plus chers que ceux que nous importons », fait-il remarquer.

Selon lui, les grandes surfaces ne font pas encore suffisamment d'efforts pour promouvoir l'achat local, ceci malgré tous les bienfaits qui en découleraient, tant pour la santé des consommateurs que pour l'environnement. «Nos produits devraient être offerts dans tous les supermarchés du secteur que nous desservons, croit-il. Pas seulement à quelques endroits.»

Produits vedettes

Les Entreprises Lacoste cultivent plus de 50 variétés de fines herbes connues et moins connues, dont une nouvelle gamme de produits orientaux tels que la moutarde japonaise, le persil japonais, les herbes à sushis et le chou chinois pour la cuisine au wok.

L'entreprise produit également des tomates et des concombres libanais, plus petits que les variétés traditionnelles. Ces derniers se mangent avec la pelure sans inquiétude, puisqu'ils sont cultivés exemptés de tous produits chimiques.

Les produits des Entreprises Lacoste sont distribués dans les paniers bios des Fermes Lufa, une serre urbaine située sur les toits de Montréal. On peut aussi les trouver dans certains IGA, chez Avril et Valmont. Si vous ne trouvez pas de produits certifiés «Couleur Locale» près de chez vous, faites-en la demande à votre épicier.

Les Entreprises Lacoste Inc.
9680, chemin de Chambly
Saint-Hubert (Québec) J3Y 5K2
(514) 913-2399
Infos: www.couleurlocale.ca
ou www.montreal.lufa.com/fr

LA BELLE HISTOIRE DES CONFITURES D'ANTAN

Dans la grande cuisine de Marie-Christine Labelle, on placote et on empote. D'avril à novembre, fille, cousines, belle-sœur et voisines s'affairent joyeusement autour des chaudrons, où en ce matin de fin d'automne, mijote la confiture de bleuets de la grand-mère Prévost. L'air goûte bon dans cette ambiance empreinte de douce complicité féminine. On y brasse les odeurs réconfortantes du passé en partageant des recettes et toutes les belles histoires familiales qui s'y rattachent. Celle de Marie-Christine, devenue bien malgré elle la reine des confitures et des marinades de Saint-Rémi, se déguste avec bonheur et un brin de nostalgie.

Une histoire de hasard, diront certains. Marie-Christine croit davantage au destin. « J'ai commencé à faire des confitures avec ma mère pour le plaisir. Je n'ai jamais pensé que ça deviendrait aussi gros », raconte celle qui, avec l'aide de ses six employées,

RÉGION MONTÉRÉGIE...

produit chaque jour 1 080 pots Masson pour ses 75 points de vente situés sur les deux rives de Montréal.

Il y a vingt ans, elle a quitté son poste de préposée dans un centre d'accueil pour personnes âgées. Elle venait d'avoir 35 ans, portait le deuil de son père depuis un an et cherchait une nouvelle voie. « Au travail, il y avait des cas de plus en

plus lourds, je n'étais plus bien là-bas », dit-elle. Pour gagner un peu de sous, elle a commencé à faire des confitures. Quelques pots seulement, avec les produits trouvés sur son terrain, à Saint-Rémi. De la confiture de cerises de terre d'abord, celles que cultivait son grand-père autrefois, puis de la gelée, rouge comme du sucre d'orge, pour récupérer les pommettes tombées de

l'arbre. « Mon mari était cultivateur de produits maraîchers. Il avait des contacts au Marché central de Montréal. Nous avons vendu nos premiers pots de confitures là-bas », explique Marie-Christine. Le succès a été immédiat : les délices de Marie-Christine se sont envolés. On les redemandait.

En 1998, elle décide de s'enregistrer officiellement et d'augmenter sa production tout en conservant le côté artisanal de l'entreprise. Son mari, Yves Lefrançois, accepte de lui céder son garage pour aménager une nouvelle cuisine. Encore aujourd'hui, tout se prépare à la main. Même les étiquettes sont apposées avec une machine électrique fabriquée par leur ami comptable. « La vie est un grand casse-tête, affirme Marie-Christine. Il faut savoir mettre les bons morceaux aux bons endroits. » Quelque part, elle croit que son père, une des trois bonnes étoiles illustrées sur toutes ses étiquettes (les deux autres représentent son grand-père et sa grand-mère), guide chacun de ses pas en lui envoyant des signes.

En novembre, les rumeurs de la cuisine se tairont pour faire place au long silence de l'hiver. Marie-Christine pourra se reposer un peu et savourer son bonheur tout simple aux côtés de sa mère, âgée de 84 ans. Ensemble, elles prépareront les petites poches d'épices à ajouter à la prochaine chaudronnée de marinades.

Produits vedettes

CONFITURES

Neuf variétés de confitures préparées à l'ancienne avec des produits locaux soigneusement choisis : cerises de terre, gelée de pommettes, fraises, framboises, bleuets, fraises et rhubarbe, trois fruits, marmelade fruitée etc.

MARINADES

Huit variétés préparées à l'ancienne avec des produits locaux : betteraves miniatures, concombres tranchés, délices pimentés, confits d'oignons, ketchup aux fruits, ketchup vert, ketchup aux zucchinis, relish aux concombres.

Il existe 75 points de vente dans la région de Montréal, dont le Marché des Saveurs du Québec (marché Jean-Talon), certains Valmont et les marchés Bourassa dans les Laurentides.

Les délices de Marie-Christine
Marché Bourrassa
680, rue principale
Sainte-Agathe-des-Monts (Québec) J0L 2L0

DES ALIMENTS BIOS LIVRÉS À VOTRE PORTE

Markus Ritter se destinait à une carrière de chef cuisinier. Il y a quelques années, il a mis ses chaudrons de côté pour devenir fermier. Offrir aux consommateurs québécois des aliments sains, produits dans le respect de la nature, est devenu sa nouvelle mission. Une décision qu'il ne regrette pas le moins du monde. Malgré les difficultés du métier, il affirme n'avoir jamais été aussi heureux.

En 2005, cet Autrichien d'origine a vendu l'auberge qu'il exploitait depuis dix ans à Huntingdon en Montérégie, pour se lancer avec quatre autres cultivateurs de sa région dans l'élevage naturel et l'agriculture biologique. Avec Archie Blanker, David Lamb et Doug McColm, des amis rencontrés à l'auberge de Markus, ils ont fondé Les Fermes Valens, une petite coopérative de fermiers qui permet d'offrir à la population une solution de rechange à l'alimentation industrielle. En unissant leurs efforts, ils arrivent désormais à exploiter et à vendre à prix raisonnables des viandes et charcuteries sans hormones ou antibiotiques, agents de conservation et gluten.

L'entreprise distribue également toute une gamme de produits du terroir, certifiés biologiques pour la plupart. C'est le cas notamment de leur sirop d'érable, maïs à éclater, huile de tournesol, farine moulue sur pierre et œufs de poules élevées en liberté.

UNE AVENTURE RISQUÉE

« L'aventure était risquée », admet Markus. Il existe des coûts et défis importants associés à l'agriculture biologique, donc il

leur a fallu ajuster leurs prix en conséquence. Dans un marché où les gens cherchent à payer le moins cher possible, le défi était de taille.

Heureusement, de plus en plus de consommateurs sont maintenant prêts à débourser un peu plus pour s'assurer de la qualité des aliments qu'ils consomment quotidiennement. « Nos clients veulent savoir d'où vient leur nourriture, ce qu'on met de dedans, comment sont traités nos animaux. Les allergies au gluten sont plus fréquentes aussi et nous sommes encore peu nombreux au Québec à pouvoir garantir que nos produits n'en contiennent pas », fait valoir Markus.

Lorsqu'ils sont arrivés en ville avec leurs saucisses sans phosphates, nitrates et gluten, ils ont rapidement trouvé des preneurs. En dix ans, une quarantaine de petites fermes locales se sont greffées à leur entreprise de distribution, ce qui leur permet d'offrir une gamme de produits de plus en plus variée et d'en garantir la fraicheur.

Si Markus a beaucoup aimé cuisiner pour les autres dans le passé, il affirme retirer un plaisir plus grand encore à prendre soin de cette terre où, avec sa femme et ses trois enfants, il a trouvé un rythme de vie beaucoup plus sain. «Ici, tout ce que nous faisons est interrelié, dit-il. Le fumier de nos bêtes engraisse la terre, qui à son tour nous donne ses fruits. Les graines de nos tournesols sont pressées pour en faire de l'huile et les résidus servent à nourrir nos bêtes.»

Produits vedettes

VIANDES, CHARCUTERIES ET SAUCISSES

Porc, bœuf Angus, agneau, veau et poulets élevés et nourris naturellement, sans hormones ou antibiotiques. Les saucisses sont fumées sur place, sans gluten, nitrates ou phosphates ajoutés. Même chose pour le salami, bacon, jambon et saucisson.

HUILES BIOLOGIQUES

Huiles de graines de lin, de canola et de tournesol pressées à froid. Elles sont préparées sur la ferme familiale avec des grains biologiques sans OGM, cultivés et récoltés sans pesticides ou produits chimiques.

Les fermes Valens distribuent leurs produits à Gatineau, à Montréal et à Québec dans la plupart des magasins d'aliments naturels. Ils ont aussi développé un service de vente en ligne avec livraison à domicile (gratuit pour les commandes de plus de 175 $). Cette nouvelle façon de faire, plus populaire que jamais, permet d'offrir des prix surprenants pour la qualité de la marchandise.

Les Fermes Valens
79, rue York
Huntingdon (Québec) J0S 1H0
(450) 264-4061
Infos : www.fermesvalens.com

À SAINT-VALENTIN, L'AMOUR POUSSE DANS UN CHAMP DE FRAISES

Dans un espace désert, au bout de l'horizon, se dresse un petit village bucolique de quelque 500 âmes, où, même par temps froid, l'amour fleurit aux arbres, aux fenêtres et dans le cœur des habitants. « Bienvenue à Saint-Valentin, la capitale de l'amour », peut-on lire sur un grand panneau à l'entrée du village.

Situé à 45 minutes au sud de Montréal, cet adorable patelin de campagne abrite un musée du chapeau, un musée du cœur et de prolifiques champs de fraises et de framboises plantés en 1957 par Louis Hébert, le pionnier de l'autocueillette au Québec. Il est toujours possible d'aller faire un tour dans la boutique de produits dérivés de Dominique Larouche et Robert Hébert, les chaleureux propriétaires du domaine Les Fraises Louis Hébert.

DE PÈRE EN FILS

« J'ai grandi ici même, sur cette terre », raconte Robert Hébert. Son père, Louis, travaillait à la base militaire de Saint-Jean-sur-Richelieu. Pour lui, les fraises n'étaient qu'un passe-temps. Quand Robert a pris la relève de la ferme en 1974, lui et sa belle du Saguenay, qu'il a épousée il y a 35 ans, en ont fait leur occupation principale.

Par amour pour sa femme (à moins que ce ne soit une ruse pour la garder près de lui), il a planté différentes variétés de bleuets en corymbe (bleuets géants). Les plants se sont depuis transformés en arbres, qui atteignent sept pieds de haut. « Ce ne sont pas les petits bleuets sauvages que je cueillais au Saguenay », précise Dominique, mais leur présence sur sa terre aura réussi à calmer ses envies d'aller faire un tour dans son coin de pays pour s'adonner à l'une de ses activités préférées.

Le couple se fera un plaisir de vous faire découvrir toutes les douceurs que Madame Larouche a su tirer de ses dernières récoltes de fraises, de framboises et de bleuets, dont sa fameuse tarte aux bleuets, préparée selon la recette de son arrière-grand-mère. Sagement alignées sur leurs tablettes, les confitures de petits fruits et gelées côtoient les bouteilles de Valentin, une mistelle de framboises et de fraises à 18 % d'alcool et les Bulles d'amour, une boisson pétillante sans

alcool à base de fraises et de framboises qu'ils ont développée
il y a trois ans. «Nous sommes encore les seuls en Amérique
à maîtriser la technique de fabrication de ce moût», souligne
fièrement Dominique.

Produits vedettes

PETITS PÉCHÉS DE DOMINIQUE POUR CÉLÉBRER LA SAINT-VALENTIN

Rikiki
Versez un peu de Valentin dans une snobinette
(petit verre en chocolat). Buvez une ou deux
gorgées en levant le petit doigt, puis avalez,
et croquez ensuite le verre de chocolat noir
avec le reste de la boisson. Un pur délice.

Extase
Remplir une snobinette de fromage de chèvre
(de préférence la pyramide du Ruban bleu).
Accompagnez le tout d'une once de Valentin.
«Les trois saveurs réunies dans le palais, c'est à
faire le bacon par terre», lance Dominique.

Bulles d'amour
Une boisson pétillante sans alcool, à base de fraises
et de framboises. Un philtre d'amour qui convient
parfaitement aux enfants et aux femmes enceintes.

Les produits transformés des Fraises Louis Hébert
sont disponibles toute l'année à la boutique de la
ferme. Leurs boissons alcoolisées sont distribuées à
la SAQ et leurs Bulle d'amour dans une cinquantaine
de supermarchés et épiceries fines
de la région de Montréal.

Les Fraises Louis Hébert
978, chemin 4e ligne
Saint-Valentin (Québec) J0J 2E0
(450) 291-3004
Infos : www.lesfraiseslouishebert.com

UN GIN D'ICI PARFUMÉ AU PANAIS

Il est apparu discrètement sur les tablettes de la SAQ avec sa séduisante étiquette noire et bleue. Depuis, le gin Piger Henricus de fabrication artisanale prend tranquillement sa place sur le marché québécois, en attendant de partir à la conquête du monde. Fabriqué par quatre comparses de la Rive-Sud de Montréal, il surprend agréablement vos papilles grâce à son subtil arôme de panais, mais aussi à sa simple présence dans un marché jusqu'ici dominé par le géant Seagram. Seuls des esprits subversifs, motivés par l'envie de faire les choses différemment, pouvaient oser se lancer dans une telle aventure au Québec.

CRISE DE LA QUARANTAINE

L'idée a germé dans la tête des trois pères de famille il y a cinq ans, lors d'un voyage à New York. Plongés en pleine crise de la quarantaine, Stéphan Ruffo, Pascal Gervais et Fernando Balthazard rêvaient depuis un moment d'ouvrir un restaurant. Pour ces trois épicuriens, l'idée allait de soi, mais le projet initial a vite bifurqué lorsqu'ils ont découvert les microdistilleries américaines. Chez nos voisins du Sud, on en compte environ 450, alors qu'elles sont à peine 3 ou 4 au Québec.

L'idée de fabriquer des spiritueux en petite quantité leur a semblé beaucoup plus simple à réaliser et plus viable à long terme. « Le gin était relativement facile à produire, tout en nous permettant de nous exprimer à travers une recette », explique M. Ruffo. À leur retour au pays, ils n'ont pas hésité à entreprendre tous les sacrifices et démarches nécessaires pour arriver à concrétiser leur rêve.

En 2009, Stéphan et Pascal ont décidé de quitter des emplois bien rémunérés pour se lancer à temps plein dans l'aventure. Diplômé en design industriel, marketing et communications, Stéphan travaillait pour le département des nouveaux médias chez Bell. De son côté, Pascal était employé dans le domaine des technologies de l'information. Leur collègue Fernando, lui, est toujours propriétaire d'une boutique d'encadrement.

Les compétences nécessaires pour assurer le succès de leur entreprise étaient là, mais il aura tout de même fallu trois longues années de démarches administratives pour que leur entreprise, Les Distillateurs Subversifs, puisse finalement commencer sa production dans des locaux appartenant à Robert Paradis, le quatrième partenaire financier venu se greffer au groupe un peu plus tard.

Ces années leur auront permis de peaufiner leurs connais-sances en distillerie en suivant des formations en Californie et à

New York. « Nous avons pris le temps de faire des recherches pour arriver avec un produit innovant. Nous voulions un gin traditionnel, qui ne soit pas trop régional au goût », précise M. Ruffo.

C'est Patrice Fortier de la Société des plantes de Kamouraska qui leur a suggéré d'ajouter du panais à leur gin. La complémentarité recherchée était toute trouvée. Ne restait plus qu'à aller chercher le client. « Le risque était gros. Si la SAQ n'avait pas voulu de notre gin, nous étions morts », réalise aujourd'hui M. Ruffo. Comme quoi, il faut parfois un peu d'inconscience pour oser innover.

Produits vedettes

GIN PIGER HENRICUS

Le Piger Henricus est le deuxième gin artisanal au Québec après l'Ungava du domaine Pinacle. Il est produit à partir de plantes botaniques traditionnelles comme la baie de genièvre, la coriandre, la racine d'angélique, l'écorce de citron et la cardamome. On y a ajouté un ingrédient magique : le panais, qui lui donne un parfum floral et un goût légèrement sucré.

RÉDUIT PIGER HENRICUS

Cette liqueur douce se savoure aussi bien chaude que sur glace. elle est produite à partir de gin Piger Henricus et de sirop d'érable pur.

Les Distillateurs Subversifs
449, Gardenville
Longueuil (Québec) J4H 2H5
(514) 707-8306
Infos : www.distillateurssubversifs.co

UNE PINCÉE DE BONHEUR DANS VOS ASSIETTES

Il y a des chemins de vie qui semblent tout tracés d'avance. Celui de Catherine de Gongre, chef propriétaire de La pincée, une entreprise artisanale de sels de fantaisie de La Prairie, revêt des airs de conte de fées. «J'ai toujours eu envie de développer un projet personnel», raconte cette passionnée de cuisine et de création depuis l'enfance. Adolescente, elle aimait déjà flâner dans les épiceries fines de Montréal pour s'imbiber de parfums et de saveurs d'ici et d'ailleurs.

C'est chez Gourmet Laurier, à Montréal, que la jeune caissière a rencontré son prince charmant, François Maisonneuve. Lorsqu'il est entré dans le commerce avec ses pots de confitures Saint Dalfour pour les faire goûter au propriétaire, elle était loin de se douter que le jeune homme deviendrait le père de leurs deux enfants et encore moins qu'il imaginerait et dessinerait, quelques années plus tard, les superbes étiquettes et emballages qui leur ont valu, en 2012, le prestigieux prix Gaïa en emballage alimentaire.

À cette époque, elle n'avait qu'une certitude : elle voulait travailler dans le milieu de l'alimentation. Ce qu'elle fit tout naturellement après des études en pâtisserie à l'Institut de tourisme et d'hôtel-

lerie du Québec. La jeune entrepreneure de 35 ans a d'abord œuvré pour le service de traiteur du cabinet d'avocats Ogilvy Renault. Jusqu'à l'an dernier, elle exerçait la profession de cuisinière au CPE qui a vu grandir ses deux enfants. C'est là qu'elle a découvert le plaisir de créer différents assaisonnements pour rehausser le goût des aliments. « J'aimais faire découvrir aux enfants de nouvelles saveurs comme le sumac et le garam masala », raconte-t-elle. Souvent, les parents s'étonnaient qu'elle ait réussi à faire manger du poisson à leurs petits. Comme quoi, il suffit parfois d'une petite pincée de saveur pour tout changer.

Au cours des trois dernières années, elle s'est amusée à explorer sa créativité, mélangeant entre autres le sel de Guérande avec différentes épices et fines herbes du Québec. « J'aime travailler avec des épices entières, miser sur les couleurs et les textures », note-t-elle. L'idée de fonder son entreprise lui trottait depuis toujours dans la tête. Elle a d'abord pensé à un service de traiteur, mais en offrant en cadeau ses mélanges parfumés à son entourage, elle a vite compris que son chemin était déjà en train de se tracer ailleurs.

La pincée a tranquillement pris forme. Catherine s'y consacre à temps plein depuis un an avec l'aide de son conjoint, François Maisonneuve. Avec sa formation en design, il était le mieux placé pour l'aider à développer son image de marque. En septembre 2012, La pincée distribuait ses produits dans huit épiceries fines du Québec. Elle a maintenant 62 points de vente, dont la boutique du Musée des beaux-arts de Montréal. «Je veux encourager les gens à innover en cuisine, explique la jeune femme. Récemment, un client m'a raconté qu'il avait utilisé mon sucre de fantaisie à la lavande pour rehausser sa recette de crème brûlée au foie gras. C'est mon plus beau cadeau.»

Produits vedettes

LA PINCÉE CLASSIQUE

Un mélange de différents sels de mer, d'herbes et d'épices fraîchement moulues. Idéal sur une darne de saumon avec un filet d'huile d'olive, dans la purée de pommes de terre, ou sur vos légumes grillés.

LA PINCÉE GRAVLAX

Un mélange bien dosé d'arômes d'herbes et d'épices grillées fraîchement moulues, de sel de mer et de Guérande, de sucre de canne brut et de poivre noir pour parfumer légèrement la chair du saumon frais.

LA PINCÉE BARBECUE

Un savoureux mélange de sel de mer, de sucre de canne brut, de poivre noir, de paprika, de cumin et d'épices fraîchement moulues à sec pour rehausser le goût de vos grillades, du porc effiloché et du riz.

La pincée distribue ses produits dans 62 points de vente au Québec et en Ontario.

La pincée
(514) 601-0547
info@lapincee.ca
Infos : www.lapincee.ca

UNE FAMILLE UNIE PAR LES CHÈVRES ET LE FROMAGE

La Chevrière de Monnoir est un rendez-vous avec les grands espaces et le bon goût du terroir, mais aussi une histoire d'amour et de passion entre un couple d'agriculteurs belges et leur troupeau de quelque 400 chèvres laitières, aussi blanches que celle de monsieur Séguin.

Il y a 33 ans, Marie-France et Michel Marchand ont quitté leur Belgique natale pour venir profiter de l'immensité des terres agricoles du Québec. Dans leur pays natal, Michel exploitait une ferme laitière avec ses parents et Marie France travaillait dans une quincaillerie. Ils auraient pu continuer leur vie tranquille sans rien changer, mais le goût de l'aventure les tenaillait et le développement accéléré des villes commençait à empiéter un peu trop sur leurs terres.

En 1981, ils ont racheté une ferme laitière à Marieville, au pied du mont Saint-Grégoire. Ils avaient la tête pleine d'idéaux, mais la dure réalité les a vite rattrapés. La production laitière au Québec comportait plus de contraintes qu'ils ne l'avaient imaginé. Ils se sont tranquillement tournés vers l'élevage de chèvres laitières, en croyant que ce serait plus facile. « Nous avons été désillusionnés, raconte Marie-France. Même si nous adorons les chèvres, ça prend beaucoup de petites pattes pour faire le même nombre de litres de lait. »

Cette fois, par contre, l'amour de leurs bêtes a eu raison de toutes les difficultés rencontrées. Leur troupeau est rapidement

passé de 40 à 700 têtes. Au cours des dix dernières années, ils ont commencé à transformer eux-mêmes le lait de leurs chèvres, puis à aménager sur leur terre une ferme éducative et une boutique, où l'on peut se procurer les fromages, viandes de chevreau et charcuteries.

Un malheureux incendie a décimé une bonne partie de leur troupeau en 2010. La famille s'est serré les coudes. Trois des quatre enfants du couple, qui avaient tous trouvé des emplois à l'extérieur, se sont joints à l'entreprise. «Les chèvres sont sympathiques, enjouées. Un peu tête de cochon parfois, mais ça fait leur charme et on s'attache rapidement», dit Johanne Marchand, la benjamine des trois filles du couple. Elle s'occupe aujourd'hui des communications de l'entreprise. Son frère Michel et sa sœur Christelle sont récemment devenus propriétaires de la fromagerie du Vieux Saint-François, à Laval. Ils y transforment le lait des chèvres de leurs parents en délicieux fromages tous plus savoureux les uns que les autres.

Mon coup de cœur : Le Petit Prince, un fromage frais, non affiné à pâte molle au goût plus complexe et moins acide que le fromage de chèvre crémeux qu'on trouve habituellement sur les tablettes des épiceries. On a eu la bonne idée de commercialiser le produit dans un emballage avec couvercle. La Tomme de Marieville, un fromage affiné six mois à la pâte ferme qui rappelle agréablement le *parmigiano* italien, vaut également le détour. Tous les produits sont disponibles à la boutique de la ferme de Marieville ainsi qu'à la fromagerie du Vieux Saint-François à Laval.

Produits vedettes

LES BOUCHÉES D'AMOUR

Elles sont façonnées à la main, à partir du fromage Petit Prince. Elles sont ensuite mises en pot et couvertes d'huile de pépin de raisins ; puis sont aromatisées à la ciboulette, aux herbes de Provence. Excellent sur les pizzas ou dans vos salades.

FROMAGE EN GRAINS DE CHÈVRE

Une excellente option pour les amateurs qui sont allergiques aux protéines bovines. Offert nature, ou avec de l'ail et du persil.

LA CLOCHE CENDRÉE (NOUVEAUTÉ)

Offerte en format pyramide d'environ 200 g. Fait de lait de chèvre pasteurisé, il contient de la culture bactérienne, de la cendre, de la présure et du sel.

La Chevrière de Monnoir
1191, rang de l'Église
Marieville (Québec) J3M 1N9
(450) 460-2221
Infos : www.chevrieredemonnoir.com

LA NOBLESSE DU PAIN

Ce matin-là, il faisait un froid polaire et le croissant chaud qu'on m'a servi dans la boulangerie Le pain dans les voiles, au pied du mont Saint-Hilaire, me semblait parfait : chaud et moelleux à l'intérieur, croustillant à l'extérieur, pas trop huileux sur les doigts et ce goût de beurre frais qui vous chatouille les papilles. Eh bien, non ! « Le feuillage extérieur pourrait être un peu plus cuit », me souligne François Tardif, copropriétaire de la boulangerie artisanale, en examinant la viennoiserie d'un œil critique.

Pas étonnant que lui et son partenaire, Martin Falardeau, soient devenus les nouvelles vedettes du pain à Montréal. « Lorsque l'on plonge dans cet univers tout en finesse et qu'on a à cœur de bien faire les choses, l'exigence est une qualité que l'on se doit de cultiver », fait remarquer François.

Chaque matin, l'ensemble de la production est soigneusement passé en revue. Pour satisfaire les deux artisans, leur baguette traditionnelle, classée deuxième meilleure lors de leur participation au Mondial du Pain en 2011, doit présenter un alvéolage (les bulles d'air dans la mie) hétérogène, une mie souple assortie d'une croûte craquante et d'un grignage symétrique (incision sur le dessus du pain avant la cuisson).

À moins d'être un fin connaisseur, le client régulier ne verra pas toutes les subtilités évoquées par François, mais les artistes boulangers, eux, le savent. Lorsque la production ne répond pas aux exigences, on corrige le tir et on recommence jusqu'à atteindre la perfection. Martin, le maître boulanger du tandem, a peaufiné sa recette de baguette pendant trois mois avant d'être pleinement satisfait du résultat. La farine qu'ils utilisent, faite de blé cultivé à Louiseville et moulu au moulin de Vaudreuil-Soulanges, fait toute la différence pour la saveur et la texture du produit final.

À l'instar de son partenaire d'affaires, François est un passionné, un artiste dans l'âme tombé amoureux du pain en 1999. « Je partais en voilier avec ma famille pour un an et je voulais apprendre à en faire », raconte-t-il. À l'époque, Martin avait sa propre boulangerie à Mont-Saint-Hilaire. Il lui a transmis son art avec plaisir. Ce n'est que quatre ans plus tard que les deux amis, passionnés de voile tous les deux, se sont retrouvés.

Agronome de formation, François a fabriqué du cidre de glace pendant quelques années avant de réaliser que le snobisme du milieu ne lui plaisait pas. « J'aime transformer les aliments, dit François. Le pain, c'est noble, mais ce n'est pas snob. » Son ami avait fermé son commerce et François se cherchait un autre projet de vie. Il lui a proposé un nouveau départ, avec une formule d'affaires qui leur permettrait de souffler un peu. « On a travaillé fort au début, mais on peut maintenant compter sur une belle équipe pour nous appuyer », explique François.

Depuis 2011, les deux boulangers ont le vent dans les voiles. Une deuxième boutique a été ouverte en 2012, au 357, rue Castelneau à Montréal, pour répondre à la demande des hôtels, des restaurants et de la clientèle locale.

Produits vedettes

BAGUETTE TRADITIONNELLE ET AU LEVAIN

Façonnées à la main, elles sont fabriquées à partir d'une farine de blé cultivé et moulu localement.

LES PASSE-PARTOUT

Oméga, Tourte au seigle, Carré multigrains, La coudée, Galette bressane, Le grain, Intégral, Kamut, Miche, La noix, Pain fesse, Pain des Gaults, Pain du peuple, Parisien, Les volutes.

Les pains sont vendus sur place, dans les boulangeries de Montréal et de Mont-Saint-Hilaire. On les trouve aussi chez Crimes et Gourmandises à Saint-Lambert, notamment.

Le Pain dans les voiles
250, rue Saint-Georges
Mont-Saint-Hilaire (Québec) J3H 2Y1
(450) 281-0779
Infos : www.lepaindanslesvoiles.com

LES PÉCHÉS SUCRÉS DE PHILIPPE MOLLÉ

Entre les mains du chef français et chroniqueur gastronomique du quotidien *Le Devoir*, Philippe Mollé, notre sirop d'érable national perd son côté folklorique pour se hisser au rang des produits nobles et recherchés par les plus grands gastronomes. Depuis qu'il a démarré il y a trois ans iSens, une entreprise de transformation qui met en valeur les meilleurs produits du terroir de la planète, notre «or blond» est devenu son meilleur allié pour nous faire vivre de nouvelles expériences gustatives.

«Il y a une trentaine d'années, j'arrivais de Polynésie lorsque j'ai découvert le sirop d'érable. J'ai tout de suite été fasciné par ce produit unique qu'on a, à mon avis, trop longtemps banalisé», explique l'épicurien globe-trotter. En s'intéressant à la richesse des produits dérivés de notre arbre national, il a découvert une bonne partie de l'histoire du Québec, qu'il raconte dans son livre de recettes *Le Grand Livre de l'érable*, publié l'an dernier aux éditions Trécarré. « La canne traditionnelle ne disparaîtra jamais. Elle fait partie du folklore québécois et elle doit le rester, dit-il, mais rien ne nous empêche de présenter le sirop et le sucre d'érable autrement. »

Créatif dans l'âme, il ne s'impose aucune limite. « Nous partons d'un sirop sans reproche en contrôlant la production d'un bout à l'autre », dit-il. La magie de la cuisine accomplit le reste du travail. Avec ce liquide, il fait des sucres et des sirops fins aromatisés aux agrumes, à la vanille, aux litchis et autres saveurs exotiques dans le but avoué de nous faire sombrer dans le péché de la gourmandise. Pour compléter son opération de séduction, il confie ses créations à sa talentueuse graphiste, France Sévigny, qui les emballe avec goût et raffinement, pour le plus grand plaisir de nos yeux.

NOUVELLE COLLECTION

Sa dernière création est une collection de six sucres d'érable aromatisés aux agrumes qu'il a baptisés Sucres Soleil. « Je voulais trouver une façon d'encourager les Québécois à profiter des produits de l'érable à longueur d'année », dit-il. L'idée des Sucres Soleil lui est venue en parlant avec un ami de l'île de La Réunion, Paul Martin. Ce dernier lui a proposé ses poudres de fruits 100 % naturelles, fabriquées à partir d'écorces d'agrumes. En cuisine, ces mêmes poudres de mandarine, de citron, de pamplemousse et d'autres petits fruits exotiques, sont retamisées pour produire des huiles essentielles. « On mélange ensuite l'huile et la poudre avec du sucre d'érable », explique M. Mollé.

Le résultat donne une explosion de fraîcheur acidulée à saupoudrer sur les petits fruits, à ajouter à vos cocktails, ou pour caraméliser vos grillades et pourquoi pas sur votre jambon.

En début d'année, il a remporté deux prix Sial Innovation pour sa collection de sucres gourmands d'érable du Québec, ainsi que pour ses Fleurs de sel Québec Je me souviens. On attend ses prochaines créations avec impatience.

Produits vedettes

COLLECTION SUCRES SOLEIL

Contient du sucre d'érable pur, aromatisé avec des parfums naturels d'agrumes, dont le citrus jambhiri de l'île de La Réunion, la mandarine de Corse et le combava de Madagascar.

COLLECTION SUCRES GOURMANDS D'ÉRABLE DU QUÉBEC

Du sucre d'érable pur contenant des saveurs naturelles de cacao et de cannelle, de roses sauvages et de canneberge, de la poudre d'amélanchier et de la vanille grillée. La collection comprend aussi un sucre à glacer avec canneberges, yuzu et cannelle.

COLLECTION FLEUR DE SEL QUÉBEC JE ME SOUVIENS

Du sel en provenance de marais salants, dans lequel on a ajouté le meilleur du Québec. Champignons des forêts, thé du Labrador, racine de céleri sauvage, salicorne, persil de mer etc.

On trouve les produits d'iSens dans plusieurs épiceries fines du Québec.

iSens
1351, rue Ampère, bureau A
Boucherville (Québec) J4S 5Z5
(450) 906-4220
Infos : www.i-sens.ca

LE PIGEONNEAU, UNE VIANDE À DÉCOUVRIR

Les propriétaires de la ferme Miboulay de Marieville, Louise-Anne Michaud et Jean-François Boulay, pratiquent un des plus vieux métiers du monde depuis 34 ans, et ces passionnées de la terre ne changeraient pas de métier pour tout l'or du monde. Depuis qu'ils ont racheté la terre du père de Jean-François en 1979, ils ne ratent jamais une occasion d'innover et de surprendre dans leur façon d'aborder l'agriculture.

En 2002, ils ont été les deuxièmes au Québec à se lancer dans l'élevage du pigeonneau, un oiseau de basse-cour oublié que les Québécois associent encore beaucoup aux pigeons sauvages qui peuplent les corniches de nos bâtiments urbains. Il y a quelques années, le couple a décidé de vendre son troupeau de vaches laitières pour se consacrer au veau de grain. Il y avait aussi un espace à occuper au deuxième étage de l'étable et Louise-Anne souhaitait se lancer dans l'élevage de volailles. « En faisant des recherches, j'ai découvert le pigeonneau. En Europe, c'est une viande recherchée et très populaire. Ici, c'était à développer », raconte Louise-Anne.

Elle s'est lancée en 2002 avec 25 couples de pigeons de chair d'origine européenne. Aujourd'hui, la volière compte 450 couples et presque autant de pigeonneaux. La demande est là. Les grands restaurants sont leurs principaux clients, dont Le Toqué ! et l'Hôtel Le Saint-James à Montréal, mais les particuliers sont de plus en plus nombreux à vouloir apprêter cet oiseau rare pour épater leurs convives. « C'est une viande rouge très goûteuse, avec un petit côté ferreux. Sa chair est plus tendre, plus fine et moins grasse que celle du canard », explique Louise-Anne.

CERTIFICATION « TERRE VIVANTE »

Pendant qu'elle prend soin de ses oiseaux et de la boutique, Jean-François veille sur les champs, tout en s'occupant de leurs veaux et de leur nouvel élevage de porcs. « Nos animaux ne mangent que de bons aliments cultivés dans nos champs, comme le maïs et le lin, riche en oméga-3 », précise-t-il.

Depuis 1994, il s'est converti à la culture du semis direct pour avoir droit à la certification « Terre vivante ». « Fini les grosses machines, dit-il. On ne laboure plus la terre mécaniquement. Ce sont les vers de terre qui travaillent pour nous, en aérant le sol naturellement. » La technique du semis direct consiste à l'épandre dans les résidus de culture laissés au champ l'automne précédent. Les sols où l'on adopte cette technique sont plus riches en éléments nutritifs et en microorganismes et se révèlent plus productifs à long terme.

Au cours des prochaines années, deux de leurs quatre enfants prendront petit à petit la relève de la ferme. Hélène, 22 ans, a déjà commencé à mettre en place de nouvelles méthodes, apprises lors d'un voyage en Europe, pour faciliter l'élevage des pigeonneaux. Leur fils aîné, Pierre, prévoit s'occuper des champs d'ici trois ans.

Produits vedettes

VEAU DE GRAIN

Ils circulent librement dans un vaste enclos. Ils sont nourris, entre autres, de grains de maïs certifiés « Terre vivante » et élevés directement dans les champs de la ferme. Ils ne sont exposés à aucune hormone de croissance, farines animales ou produits chimiques.

PIGEONNEAU

Ils sont envoyés à l'abattoir lorsqu'ils sont âgés de quatre à huit semaines. Leur viande rouge, goûteuse et délicate, demeure méconnue, mais elle serait l'une des plus tendres et des plus saines offertes sur les marchés tout au long de l'année.

GRAINE DE LIN

La ferme Miboulay est le seul producteur de lin en Montérégie. La graine de lin est riche en oméga-3. Consommée régulièrement, elle contribue à réduire le mauvais cholestérol dans le sang et atténue les symptômes de la ménopause.

Tous leurs produits sont disponibles sur place, à la boutique de la ferme Miboulay.

Ferme Miboulay
253, chemin du Pin rouge
Marieville (Québec) J3M 1N9
(450) 460-2307
Infos : miboulay.com

LE RUBAN BLEU, UN FROMAGE FIN AU GOÛT DU QUÉBEC

Il rêvait de produire, de transformer et de vendre un produit du terroir ; elle, de posséder sa propre entreprise. Jean-François Hébert et Caroline Tardif ont finalement trouvé leur bonheur en se lançant dans la production artisanale de fromage de chèvre. Avec les années, leur désir s'est transformé en véritable mission : éduquer les palais québécois au goût raffiné du fromage de chèvre, tout en faisant la promotion de l'achat local et du développement durable. « Notre parcours est assez atypique, raconte Caroline. Nous ne savions vraiment pas dans quoi nous nous embarquions. »

Le 16 décembre 2004, sur un coup de tête, le jeune couple, alors âgé de 31 et 25 ans, décide de racheter l'une des plus vieilles fromageries fermières de la Belle Province, la fromagerie Ruban bleu de Saint-Isidore. « Nous n'avions aucune expérience dans l'élevage des chèvres, ni dans la production de fromage », note Caroline. Jean-François possédait un diplôme de McGill en agronomie, avec une spécialisation en culture d'arbres fruitiers. Il avait déjà tenté de fabriquer du fromage dans une ferme avec des surplus de lait, mais rien de plus. De son côté, Caroline venait de terminer un Baccalauréat en administration à Montréal. Qu'importe, les jeunes entrepreneurs avaient du cœur au ventre. Leur offre a été acceptée, à la condition qu'ils acceptent de travailler bénévolement pendant un an afin d'apprendre les rudiments du métier de fromager. Après seulement huit mois de formation, ils volaient déjà de leurs propres ailes et, deux ans plus tard, ils déménageaient leurs pénates sur le rang Saint-Charles à Mercier, la ville d'origine de Caroline.

Pour arriver à vivre de la vente de leurs productions, il fallait agrandir le cheptel qui ne comptait au départ que 25 bêtes ; Jean-François veille désormais sur un troupeau de 80 chèvres, dont 60 laitières. Caroline s'occupe de la gestion, de la mise en marché et des visites guidées, tandis que son conjoint gère tous les aspects de la production et crée dans le même temps de dernières variétés fromagères. « On était vraiment innocents au début, raconte-t-il. Nos nouvelles chèvres ont toutes avorté. Elles étaient porteuses de la toxoplasmose. Cette année-là, on a manqué de lait. » Si les parents de Caroline ne les avaient pas supportés financièrement, ils auraient probablement fermé boutique.

Autre défi inattendu, faire apprécier le goût du chèvre aux Québécois des régions. « Il y a huit ans, une personne sur dix le crachait après l'avoir goûté », se souvient Caroline. Après cinq ans de durs labeurs, ils peuvent commencer à respirer un peu. L'entreprise se porte bien. Outre leurs fromages, on trouve désormais dans leur boutique toute une variété de produits du terroir québécois. Une autre façon, disent-ils, de promouvoir l'achat bien de chez nous.

Produits vedettes

LE CHABIN

Fromage à croûte lavée à pâte molle, composé de lait de chèvre et de brebis à 50 %. Il a une saveur de noisette. Certains diront qu'il goûte la ferme.

MONSIEUR ÉMILE

Fromage de chèvre typique, légèrement affiné. Sa croûte est fleurie et sa pâte crayeuse. Caroline raconte l'avoir baptisé ainsi pour se venger de ne pas avoir pu appeler son fils Émile.

LA CHARRUE

Tomme de chèvre à pâte semi-ferme et croute naturelle. Le fromage idéal pour vos raclettes cet hiver.

Tous les fromages du Ruban bleu sont disponibles dans leur boutique du rang Saint-Charles à Mercier. Certains sont aussi disponibles dans les épiceries et plusieurs marchés de la grande région de Montréal, dont la Fromagerie Atwater, 138, avenue Atwater à Montréal.

Fromagerie Ruban bleu
14, rang Saint-Charles
Mercier (Québec) J6R 2L1
(450) 691-2929
Infos : www.rubanbleu.net

DES CABANES À SUCRE ROULANTES

Tout a commencé un jour d'automne, dans un verger de la Rive-Sud de Montréal. Les gens du coin accouraient pour les pommes. Sur leur chemin, ils ont senti une odeur irrésistible flotter dans l'air. Leur nez les a conduits vers une petite cabane de bois.

Deux producteurs de sirop d'érable dans la jeune vingtaine y préparaient avec amour d'irrésistibles beignets aux pommes et à l'érable. Impossible de faire demi-tour. Ils étaient pris au piège de la tentation. «Cette journée-là, on a vendu des milliers de beignes, se souvient Jessica Boudreau-Laroche. C'était complètement fou. Il y avait des œufs et de la farine partout dans la cabane.» Depuis, ils en vendent facilement 10 000 par année, en plus de leurs quelque 1 500 gallons de sirop d'érable et produits dérivés.

Il y a six ans, lorsque Jessica et son conjoint, Mathieu Cantin, ont acheté leur érablière dans un rang perdu de Saint-Ignace-de-Stanbridge tout près de Dunham, ils ont vite compris qu'ils devraient faire preuve d'imagination pour réussir à attirer des clients. Le propriétaire du Verger de La Savane à Saint-Hubert, un ami du couple, leur a offert de s'installer sur son terrain pour vendre des beignes aux pommes pendant la saison des pommes. Jessica a tout de suite saisi l'occasion de faire connaître leurs produits. « C'est pas compliqué, si les gens ne viennent pas vers nous, il faut aller vers eux », constate-t-elle.

Après l'expérience du verger, ils ont acheté trois cabanes mobiles. « Ça nous permet de rouler à l'année », dit Jessica. Pour les deux acériculteurs nomades, l'intensité de la période des sucres revient désormais trois fois l'an. Ils s'installent au Verger de La Savane en automne, au marché de Noël de Longueuil en hiver, puis se promènent d'un endroit à l'autre au printemps. On peut aussi déguster leurs célèbres gâteaux et autres produits à base d'érable dans leur kiosque roulant du rang de la Montagne, au mont Saint-Grégoire.

À côté des boîtes de beignets, Jessica présente fièrement ses vinaigrettes à l'érable. Chacune porte le nom d'un de leurs quatre enfants. Le petit dernier, Loucas, n'a pas encore la sienne, mais sa mère se promet d'y remédier bientôt. La jeune maman avoue œuvrer si fort qu'elle a dû installer des caméras dans la chambre de ses enfants, pour pouvoir les surveiller de sa cuisine. « Nous avons beaucoup d'aide depuis le début, dit-elle. Sans le soutien de nos parents et amis, nous aurions surement fait faillite. » Même le jeune Michaël, qui adore travailler dans les cabanes roulantes, insiste pour donner ses pourboires, afin, dit-il, d'aider à payer la ferme de ses parents. Ce qu'on ne ferait pas pour continuer à se sucrer le bec !

Produits vedettes

BEIGNETS AUX POMMES ET À L'ÉRABLE

De délicieux beignes maison frits dans l'huile, saupoudrés de sucre d'érable. Il faut les manger chauds, nature, ou avec une touche de sirop d'érable.

BEURRE D'ÉRABLE

Offert à l'année, nature ou aux pommes. En saison, il faut goûter leur beurre d'érable aux fraises, framboises et bleuets locaux.

ACCOMPAGNEMENT ET CONDIMENTS

Sauce et vinaigrettes à l'érable, marinades à l'érable, sel et épices à l'érable.

Ferme Cantin et Laroche
784, Premier rang Sud
Saint-Ignace-de-Stanbridge (Québec) J0J 1Y0
(450) 248-9059
Infos : www.erableaufildutemps.ca

DES TOMATES DE TOUTES LES COULEURS

Des vertes, des noires, des bleues, des orangées, des tigrées, rondes ou en forme de poires et même des jaunes avec des rayons de soleil cachés à l'intérieur… À l'exception de quelques passionnés collectionneurs de semences anciennes et des habitués du marché Jean-Talon, peu de gens se doutent qu'il existe autant de variétés de tomates sur la planète.

Au Potager Mont-Rouge, en bordure du mont Rougemont, Robert Beauregard et Marielle Farley en font pousser plus d'une cinquantaine de variétés ancestrales encore introuvables dans les supermarchés traditionnels québécois.

Depuis 15 ans, le couple d'agriculteurs a développé une véritable passion pour ces fruits délaissés par les grandes compagnies et

qu'aucune main d'homme n'a encore tenté de modifier géné-
tiquement. Ils en ont fait leur spécialité. « Nous passons nos soirées
d'hiver à chercher de nouvelles semences. Robert nous déniche
au moins une nouveauté par année, raconte Marielle. Il fait des
recherches sur Internet, fouille dans les livres de botanique,
participe à des expositions agricoles, échange des plants et ne
cesse de s'émerveiller de tout ce qu'il découvre chaque année. »

Jusqu'au début des années 2000, le couple cultivait surtout
des tomates plus conventionnelles, dont les italiennes (roma-
nelle, samarsan et manzano) utilisées pour préparer les tomates
séchées et la sauce tomate italienne traditionnelle. Lorsque
Robert a convaincu sa douce de venir s'installer avec lui sur la
terre paternelle, il était loin de se douter qu'il existait autant de
variétés de ce végétal, cultivé depuis des générations par ses
parents et grands-parents.

C'est la découverte d'une tomate bleue, apportée par un client,
qui a donné un nouvel élan à l'entreprise familiale. « On l'a goûtée
et nous avons été impressionnés par le goût. Il était plus sucré,
les saveurs plus complexes. On a tous fait "wow" ! », se souvient
Marielle. À partir de ce jour, ils se sont mis à chercher d'autres
variétés. Ils avaient un nouveau créneau à développer.

Cultiver des produits peu communs leur permet désormais de se démarquer des grandes chaînes, mais aussi d'avoir des histoires à raconter à leurs clients. « Il faut faire goûter, expliquer les origines de nos tomates. Ça nous permet d'échanger avec nos clients, mais aussi d'être à l'écoute de leurs besoins », explique Marielle.

Si plusieurs restaurateurs s'approvisionnent chez eux, les fins gourmets sont aussi de plus en plus nombreux à rechercher l'originalité de leurs résultats pour impressionner leurs invités.

« C'est beau dans une assiette des tomates de toutes les couleurs avec du bocconcini », fait remarquer Marielle. « Vieillies » directement sur les plants plutôt que dans des chambres de mûrissement, elles sont délicieusement sucrées, en plus d'être excellentes pour la santé de la prostate. Pour ceux et celles qui tolèrent mal son acidité, Marielle suggère de mettre de côté les tomates rouges pour consommer celles à chair blanche, jaune, orangée et rosée.

AU POTAGER MONT-ROUGE, LES TOMATES...

... il en existe plus de 250 000 plants et près de 75 variétés d'italiennes et d'ancestrales de toutes formes et couleurs (rouges, roses, orangées, noires, bleues, jaunes, vertes, zébrées, tachetées, tomates cerises, en forme de poire, ovales, rondes etc.). Le coup de cœur du couple : une jaune parsemée de veines rouges à l'intérieur.

Les tomates du Potager Mont-Rouge peuvent être cueillies sur place à compter du 20 août. Elles sont aussi vendues au marché Jean-Talon et au marché public de Longueuil.

Le Potager Mont-Rouge
1314, La Grande Caroline
Rougemont (Québec) J0L 1M0
(450) 469-2093
Infos : www.potagermont-rouge.ca

DE LA VIANDE D'EXCEPTION

Tendre, juteuse et raffinée au goût. Les premiers et uniques éleveurs du bœuf Wagyu au Québec ne tarissent pas d'éloges à propos de la viande de leurs bêtes, des ruminants d'exception d'origine japonaise, qu'ils élèvent depuis 2010 sur le sol montérégien. «Même le plus endurci des végétariens risque de succomber», affirment avec assurance Jeannot Luckenuik et Guy Noiseux, deux des trois éleveurs qui ont fondé l'association Wagyu Québec avec Michel Gagné.

C'est à la suite d'une discussion avec un chef de Montréal que Jeannot Luckenuik, du village de Lefebvre, décide de s'acheter un premier taureau de race Wagyu. « Je lui fournissais du bœuf Angus. Mais lorsqu'il m'a dit qu'il avait goûté une viande encore meilleure que la mienne, ça a piqué ma curiosité », explique-t-il.

Wagyu Québec est née d'une volonté commune d'arriver à produire une plus grande quantité de viande, sans avoir à faire de compromis sur la qualité que permet d'offrir un élevage à échelle humaine. Cette qualité-là, c'est la garantie d'une chaire naturelle au goût unique, sans ajouts d'hormones de croissances ou d'antibiotiques. « C'est la grosse différence avec celle achetée au rabais dans les supermarchés », souligne Jeannot. Leurs bêtes sont exclusivement nourries avec des produits locaux. « On leur donne du foin, de la drêche (un mélange d'orge, de maïs et de blé) et de la pulpe de pommes », explique M. Noiseux. Elles sont aussi traitées avec respect, dans un environnement coupé de tout stress ; un facteur qui influencerait lui aussi la qualité et le goût de la viande.

Une viande très persillée est une chair plus grasse. On la reconnaît à la quantité de filaments blancs qui parcourent la chair de l'animal. « Contrairement à la croyance populaire, le gras animal, consommé en quantité raisonnable, n'est pas mauvais pour la santé, assure M. Noiseux. Il fond en cuisant et donne à la viande du Wagyu son goût unique. » Et selon M. Luckenuik, « le vrai danger, c'est lorsque les gens se mettent à la faire cuire dans une tonne de margarine ou d'huile Mazola. Avec la nôtre, il n'est pas nécessaire d'ajouter du gras de cuisson. »

Morale de cette histoire : mangez moins de viande, mais mangez-en de la bonne, conseille le groupe d'éleveurs.

Produits vedettes

BŒUF WAGYU

Une race d'origine japonaise, qui donne une qualité de viande plus tendre au goût raffiné, grâce entre autres, à son persillage exceptionnel. Le bœuf de la région de Kobe au Japon, dont la réputation n'est plus à faire, est un bœuf de race Wagyu.

L'Association d'éleveurs de Wagyu Québec compte commencer prochainement l'élevage du mouton Dorper, une race originaire d'Afrique du Sud.

Les produits sont disponibles directement à la ferme des éleveurs, sur commande et dans différentes boucheries fines de Montréal.

Wagyu Québec
Guy Noiseux, Jeannot Luckenuik
et Michel Gagné
Infos : www.wagyuquebec.com

LE LUXE DU VINAIGRE DE CIDRE

Pour rehausser nos vinaigrettes, ajouter de la saveur à nos recettes, ou se refaire une santé, le vinaigre de cidre de pomme artisanal gagne en popularité et reprend peu à peu ses lettres de noblesse.

À la vinaigrerie Gingras de Rougemont, les nouveaux propriétaires, Bertrand Deltour et David Gare, en ont même fait un produit de luxe prisé par nos voisins américains. Ils offrent, depuis trois ans, une gamme de vinaigre de cidre Gourmet XO *(extra old)*. Vieilli pendant un an ou plus en fût de chêne, ces vinaigres de cidre ont droit à un affinage additionnel dans leur Chai Réserve. Ce dernier contient exclusivement des barriques qui ont été utilisées dans la production du fameux whisky-bourbon ; ce procédé donne à leur vinaigre de cidre une complexité et une rondeur hors du commun. « Rien à voir avec ceux industriels qu'on retrouve de plus en plus sur les tablettes de nos épiceries », précise M. Deltour.

Il rappelle que seul le vinaigre artisanal contient la mère vinaigre. Cette bactérie, qui se présente sous forme de voile blanchâtre dans le vinaigre, possèderait de nombreuses vertus thérapeutiques.

Leur fondateur, Pierre Gingras, descendant de quatre générations d'agriculteur et fervent défenseur de la nature, a toujours prôné le développement de produits entièrement naturels. Lorsqu'il a racheté le verger de son père Wilfried, en 1976, il a été l'un des premiers à commercialiser du jus de pomme frais non pasteurisé au Québec.

C'est pour récupérer les stocks non vendus qu'il s'est mis à fabriquer du vinaigre de cidre artisanal en 1989. En discutant avec ses clients du marché Jean-Talon, il a peu à peu découvert les propriétés salutaires de son produit. Il s'est transformé en spécialiste de la question. « À la fin des années 90, il était devenu la personne-ressource au Québec pour parler des vertus bienfaitrices du vinaigre de cidre de pomme », précise le nouveau propriétaire. En boire quotidiennement deux cuillères à soupe dans un litre d'eau faciliterait, entre autres, la digestion, éliminerait les problèmes de reflux gastrique et aiderait à soulager l'arthrite.

Depuis des années, la vinaigrerie accueille ses clients réguliers, comme Mme Barabé venue faire le plein de sa bouteille de deux litres de vinaigre Héritage. « J'ai réglé mon problème de reflux gastrique avec ça », jure-t-elle. Malgré tous les bienfaits pour la santé et la touche de saveur unique que le vinaigre de cidre permet d'ajouter à nos plats et vinaigrettes, M. Deltour admet qu'il n'est pas facile de vivre de ce type de production. « C'est un beau business, dit-il, mais il faudra songer à introduire d'autres produits connexes. » Pour le moment, les deux associés, qui cumulent plusieurs années d'expérience dans la distribution de vins et spiritueux, travaillent très fort pour continuer à développer leur réseau de distribution au Canada et aux États-Unis.

Leur petit produit du terroir a même fait l'objet d'un article dans *The New York Times*.

Produits vedettes

GINGRAS XO BOURBON RÉSERVE

Le vieillissement prolongé de Gingras XO en barriques de Bourbon rajoute une superbe complexité aromatique naturelle à ce vinaigre d'exception.

GINGRAS XO ORIGINAL

Ce vinaigre est un assemblage des meilleurs vinaigres de cidre de l'entreprise, dont les plus vieux ont 12 ans d'âge. Le XO Original est complexe et doux, avec des notes dominantes de bois et de pomme.

GINGRAS XO FRAMBOISES

Un vinaigre obtenu à partir de la seule infusion de framboises fraîches dans leur vinaigre de cidre XO Original, sans ajouts de sucre, de conservateurs ou d'additifs. Un délice en vinaigrette.

Tous les produits sont vendus à la boutique de la Vinaigrerie Gingras à Rougemont et dans 2 000 points de vente au Canada et aux États-Unis.

Vinaigrerie Gingras
1132, La Grande Caroline
Rougemont (Québec) J0L 1M0
1-888-469-4954
Infos : www.cidervinegar.com

QUAND MAMAN BRASSE DES AFFAIRES

Dans la grande cuisine aménagée dans une annexe de sa résidence privée de Boucherville, Arianne Morin, chef propriétaire des Zempotés, prépare d'une main experte ses confitures maison et ses perles de vinaigre balsamique, tout en réconfortant de l'autre sa petite malade.

Pas facile de concilier travail et famille dans le milieu de la restauration, à moins de travailler de la maison et de contrôler son horaire de travail de A à Z. « Lorsque je me suis inscrite au registre des taxes, je commençais à avoir des contractions », raconte la nouvelle maman. Née en 2011, en même temps que sa première fille, l'entreprise de la jeune femme de 34 ans se porte plutôt bien. Après deux ans et demi d'existence, la compagnie débutante commence déjà à être rentable et vient de signer un contrat d'exportation avec une compagnie de Hong Kong. « Nous avons produit 18 000 pots de confitures depuis le début de l'année et notre plus gros mois reste à venir », dit Arianne avec fierté. Tout un exploit dans un marché qui s'annonçait assez difficile à conquérir.

CONCILIATION TRAVAIL-FAMILLE

Les Zempotés de l'ancienne chef de l'hôtel Delta à Montréal sont nés d'une prise de conscience que font bien des femmes de carrière au moment d'envisager la maternité. Même si Arianne remportait beaucoup de succès et adorait l'adrénaline que lui procurait son métier, elle voulait des enfants et il n'était pas question de les faire élever par d'autres. « Lancer mon entreprise à la maison était pour moi la meilleure façon de concilier travail et famille », dit-elle. Encore fallait-il trouver la bonne personne pour l'aider à brasser les confitures sur le feu pendant qu'elle allaitait son bébé. Une amie et collègue de longue date, Josée Généreux, lui a proposé de l'épauler. « C'est plus qu'une amie, dit Arianne. Elle prend soin de la maison quand je ne suis pas là, elle est la nounou de mes filles, me botte le derrière quand j'en ai besoin, ou me freine quand je pars sur mes grands chevaux. »

Ensemble, elles bouillonnent de créativité et ne cessent d'améliorer leur offre de produits pour les besoins de la clientèle. Outre leurs confitures de petits fruits sucrées au sirop d'érable, les Zempotés produisent maintenant des gelées, des vinaigres balsamiques aux fruits des champs, de la fleur de sel aux agrumes, des ketchups aux fruits et depuis quelques semaines, des perles de vinaigre aux parfums originaux pour accompagner les huîtres et les tartares.

Les Zemballés, un nouveau volet de l'entreprise, est né récemment pour mieux répondre aux besoins des compagnies.

«On prépare des cadeaux gourmands avec les produits de producteurs locaux», explique la femme d'affaires. Victime de son succès, Arianne Morin admet qu'elle doit parfois travailler jusqu'à dix heures par jour pour arriver à tout faire, mais elle a au moins la satisfaction de pouvoir cuisiner avec la présence de tous ceux qu'elle aime autour d'elle.

Produits vedettes

CONFITURES DE CERISES DE TERRE ET DE FRAMBOISES NOIRES LÉGÈREMENT SUCRÉES, AVEC DU SIROP D'ÉRABLE

Délicieux sur un gâteau au fromage, sur votre crème glacée à la vanille, ou simplement sur une bonne rôtie le matin.

LE KETCHUP AUX FRUITS DE NOS MAMANS, VERSION AMÉLIORÉE

De petits morceaux de fruits et de légumes et un doux mélange d'épices. Pour faire de vos mijotés le meilleur des repas!

PERLES DE VINAIGRE DE CHAMPAGNE ET FRAISES

Idéal dans le tartare de saumon (remplace le vinaigre), sur le foie gras, les huîtres, en décoration sur un pétoncle grillé, ou sur une biscotte avec fromage de chèvre chaud et romarin.

Les produits des Zempotés seront en vente au marché de Noël de Longueuil. Ils sont toujours disponibles dans différentes épiceries fines du Québec, dont Les Passions de Manon, à Saint-Hyacinthe.

Les Zempotés
868, rue des Abbés Primeau
Boucherville (Québec) J4B 3P8
arianne.morin@leszempotes.com
Infos : www.leszempotes.com

Région
Montréal

LES MARCHANDS DE SOUVENIRS GLACÉS

Le soleil brille sur le Mile-End. À côté du populaire Fairmount Bagel, des humains en jupes, shorts et sandales font la queue devant Kem CoBa. Dans le quartier, c'est le signe indéniable du retour du printemps.

Les propriétaires de la nouvelle crèmerie en vogue à Montréal ont le vent dans les voiles. Dès que le beau temps pointe le bout du nez, c'est la folie devant leur petit commerce vert et rose bonbon, ouvert en 2011 à la suite d'une série d'heureux hasards de la vie. « Certains jours, les gens arrivent avant l'ouverture des portes. Ils peuvent attendre jusqu'à 40 minutes sans jamais perdre patience, s'étonnent les heureux propriétaires, Vincent

Beck et Diem Ngoc Phan, une Vietnamienne arrivée au Québec à l'âge de deux ans avec la première vague de « boat people » en 1975.

La clé de leur succès : la qualité du service, de leurs produits et l'originalité des saveurs offertes. Peu importe le nombre de clients en attente, le couple tient à conserver et à entretenir avec ces derniers la richesse des échanges ; des gens du quartier de tous horizons pour la plupart et de plus en plus de curieux, venus de Laval, de Longueuil et même des États-Unis. Ils veulent découvrir les glaces Kem CoBa, où s'entremêlent des parfums chargés de souvenirs d'Asie, d'Europe et d'Afrique.

« Nos saveurs évoquent nos racines », dit Vincent. La glace parfumée aux feuilles de pandanus rappelle les origines de sa conjointe Diem. « Au Vietnam, cette feuille est un peu comme votre vanille », explique-t-elle. Leur crème glacée aux figues et à l'orange, un nouveau produit de cette année, ramène Vincent dans l'univers de son enfance, en France, où il a grandi à l'ombre des figuiers avant de venir s'installer au Québec en 2003.

Il a rencontré son âme sœur à la pâtisserie de Gascogne, où ils travaillaient tous les deux, justement, comme pâtissiers. « On s'est vu, on s'est aimé et on a décidé de voyager en Asie pendant un an, avant de venir s'installer au Québec.

À leur retour, ils ont publié un livre relatant leurs aventures chargées d'odeurs et de saveurs. Un retour aux sources pour Diem, qui n'avait jamais remis les pieds dans son pays d'origine depuis ses deux ans. Tous les parfums découverts là-bas leur auront permis d'alimenter leur créativité et à leur retour, ils ont finalement décidé d'ouvrir leur propre commerce.

« Un coup de tête », se souvient Vincent. Il connaissait la propriétaire de l'ancienne crèmerie qui occupait leur local actuel. Elle voulait vendre. Ils n'avaient pas l'argent pour acheter, mais l'oncle de Diem, Chu Bas, un personnage doué d'un sixième sens, leur a fortement conseillé d'aller de l'avant.

Selon l'oncle, le succès était garanti. Il ne manquait que de l'eau dans le décor pour que l'énergie circule. Qu'à cela ne tienne. Le futur crémier a acheté une murale de bulles d'eau avec les revenus du livre du couple. La famille les a supportés financièrement et leur passion jumelée à de longues heures de travail (jusqu'à 110 heures par semaine en été) a fait le reste.

Pourquoi Kem CoBa ? Parce que « Kem » veut dire « crème glacée » en vietnamien et « Coba » signifie « tante numéro trois » (Diem est la tante numéro trois de sa famille).

Produits vedettes

BEURRE SALÉ

Leur image de marque. L'équivalent de notre glace à la vanille traditionnelle.

CAFÉ VIETNAMIEN

Le vrai goût du café, sucré avec du lait condensé, comme le préparent les Vietnamiens.

MIEL ET FLEUR D'ORANGER

Un succès chez les clients originaires du Moyen-Orient.

HIBISCUS

Saveur populaire auprès des Africains.

CRÈME GLACÉE MOLLE

Un mélange de sorbets et de crème glacée molle, tantôt à la fraise et noix de coco, poire et caramel, framboise/litchi et rose.

Kem CoBa
60, avenue Fairmount Ouest
Montréal (Québec) H2T 2M1
(514) 419-1699
Infos : kemcoba.com

LE CAFÉ TIRÉ À QUATRE ÉPINGLES

C'est encore le secret le mieux gardé de Montréal. Un petit bar à espresso sympa, caché au fond d'un couloir, à l'abri des rumeurs de l'avenue du Parc. Un repaire chaleureux pour nostalgiques en quête de véritables échanges humains, où l'on sert l'un des meilleurs cafés de Montréal. On y accède en passant par un chic salon de barbier aux allures d'antan ouvert dans les locaux attenants à la Maison Waxman, un des plus anciens établissements de haute couture montréalais (fondé en 1927), aujourd'hui spécialisé dans la location et la vente de smokings.

William Waxman, petit-fils du fondateur de la maison, Wolf Waxman, me fait faire le tour du propriétaire avec fierté. Ce lieu unique, il l'a créé en soignant chaque menu détail du décor pour rendre hommage à son père, Hershie Waxman, décédé il y a

plus de dix ans. Un homme de grande classe, Polonais d'origine, qui aimait le beau, avait le souci du détail et du travail bien fait. « Ici, c'était le bureau de mon père », dit-il en désignant le magnifique bar tapissé de panneaux embossés en métal, un matériau qu'on utilisait autrefois pour couvrir les plafonds. Sur le dessus du même bar trône une rutilante machine à espresso de marque Faema. C'est ici que le maître tailleur prenait le temps de discuter avec ses clients tout en réglant les factures.

Le père Waxman avait une affection particulière pour le café. Dès l'âge de 12 ans, le petit William l'accompagnait chez le barbier et dans ses tournées des cafés italiens du coin.

Les Italiens font le meilleur café depuis toujours », croit William qui a hérité de la passion paternelle. Et c'est ce goût chocolaté aux accents de noisette qu'il a voulu retrouver dans son café. Les saveurs fruitées et l'amertume des cafés de la troisième vague ne l'intéressent pas. Le blabla qui l'entoure encore moins. « Les gens me demandent quel mélange j'utilise pour faire de l'aussi bon café, mais il y a tellement d'autres facteurs à considérer », dit-il.

Le sien est fabriqué à partir d'un seul mélange de grains, le « Miscela d'Oro », importé d'Italie par Mario Lipari, propriétaire de Espresso Mali, sur la rue Saint-Laurent, une maison spécialisée dans l'importation de grains de café italiens et de machines à café espresso haut de gamme. Le barista, leur lait à 3,8 % de gras et la qualité de leur équipement (machine et moulin à café) terminent le travail. « Le grain doit être frais, la mouture fine et bien tassée dans le manche. C'est ce qui donne un goût plus concentré au café », explique William en me préparant un délicieux *mezzo latte*.

La température de l'eau dans la bouilloire ne doit pas être trop élevée non plus, ceci pour éviter de brûler le café et obtenir cette *crema* onctueuse, promesse d'un petit noir de qualité.

Toute une science que celle du café, mais aussi un rituel quotidien, bien ancré dans les mœurs des Européens depuis le XVIIe siècle. Parce qu'il favorise depuis toujours l'ouverture vers l'autre, William a délibérément choisi de ne pas offrir de connexion WIFI à ses clients. « Il y a le Starbucks pour ça, dit-il. Ici, on vient pour discuter. »

Produits vedettes

MACCHIATO
Un espresso bien serré, avec une touche de mousse de lait sur le dessus.

MEZZO LATTE
Une dose d'espresso servie dans un verre, avec moins de lait que le latte traditionnel.

CAPPUCCINO
Un espresso offert dans une tasse avec du lait moussant et une touche de cannelle ou de chocolat sur le dessus.

Maison Waxman
4605, avenue du Parc
Montréal (Québec) H2V 4E4
(514) 845-8826
Infos : www.waxman.ca

QUINOA : LA CÉRÉALE DES DIEUX

Les ancêtres des Incas ont découvert ses vertus il y a 5 000 ans. En Occident, les nutritionnistes en font l'éloge depuis le début des années 70. Le quinoa, longtemps considéré comme un aliment exotique réservé aux adeptes de l'alimentation bio, occupe maintenant une place de choix dans l'assiette des consommateurs québécois.

Martin Bilodeau a goûté ces grains au goût de noisette pour la première fois il y a 20 ans, lors d'un voyage en Bolivie. À l'époque, il ne savait pas encore qu'il en deviendrait l'un des principaux importateurs québécois et surtout, le premier à tenter de faire pousser chez nous cet aliment miracle, riche en protéines et en acides aminés.

En rentrant de voyage, il a rangé son sac à dos et ses habits d'aventurier pour s'investir dans le monde de la finance. Après dix ans à patauger dans les chiffres, il en a eu assez. « Je voulais faire quelque chose de plus éthique », dit-il. Son choix s'est arrêté sur le quinoa équitable. Avec son épouse, Clara Cohen, ils ont fondé Gogo Quinoa en 2004, une entreprise montréalaise d'importation et de transformation de quinoa. « Nous avons vécu six mois en Bolivie. J'aimais les producteurs de quinoa. Ils marchaient pieds nus avec leurs chandails percés. J'avais envie de les aider », raconte-t-il.

La situation économique de ces producteurs s'est grandement améliorée depuis. « Ce qui me fascine maintenant, c'est la machinerie », avoue l'homme d'affaires. Traiter le quinoa pour éliminer les saponines (molécules qui donnent un goût amer aux grains) et en extraire toutes les petites pierres, représente un véritable défi. Actuellement, leur entreprise est la seule dans l'Est canadien à s'être dotée de l'équipement nécessaire pour traiter, nettoyer et trier les grains de quinoa.

« Dans peu de temps, on pourra aussi en faire pousser chez nous », espère M. Bilodeau. De fait, on a longtemps pensé que le quinoa croissait seulement en montagne sur les hauts plateaux d'Amérique du Sud, mais depuis quatre ans, les Français réussissent à l'exploiter dans la région de la Loire.

« Il existe des centaines de cultivars de cette plante. Il faut simplement trouver celui qui sera le mieux adapté à notre climat », explique M. Bilodeau. L'été dernier, il a fait des tests avec six cultivars dans la région de Rivière-du-Loup. « On a eu des problèmes de champignons à cause de l'humidité », note-t-il ; l'entrepreneur travaille avec des agronomes boliviens pour tenter de trouver des solutions. Cet été, ils feront de nouveaux essais avec les dernières semences.

L'Ontario a commencé lui aussi à produire ses propres plants de quinoa, mais les grains sont petits et plus durs que ceux importés d'Amérique du Sud. « On veut arriver à faire mieux », dit l'homme d'affaires de 46 ans.

Depuis dix ans, lui et son épouse ont contribué à populariser la petite graine au Québec en l'important d'abord, puis en la transformant en flocons de quinoa, pâtes de riz et quinoa, céréales, biscuits, farines, préparations à gâteau et mets préparés déshydratés (burger Tex-Mex, riz basmati et quinoa sauvage etc.) Leurs produits sont offerts dans la plupart des magasins d'aliments naturels et dans les sections de produits bios des supermarchés.

LE QUINOA, C'EST...

... une plante sacrée des Incas, qu'ils qualifiaient de « chisiya mama » (graine mère). Le quinoa a largement contribué à l'expansion de cette grande civilisation. Encore aujourd'hui, il est la principale source de protéines pour la majorité de la population dans le sud de l'Altiplano de la Bolivie.

Le grain de quinoa est très digeste, sans gluten, pauvre en lipides, mais riche en fer et en protéines. En moyenne, il contient de 16 à 18 % de protéines, ainsi que tous les acides aminés essentiels à une bonne santé. Sa graine rappelle le millet. Il a une texture de caviar et un goût léger de noisette. Plat salé comme plat sucré : qu'importe, il se cuisine facilement.

Gogo Quinoa
632, Stinson
Saint-Laurent (Québec) H4N 2E6
1-888-336-8602
Infos : www.gogoquinoa.com

DES BEIGNES DE CHAMPIONS

Ses beignes, comme l'ensemble de ses pâtisseries, sont à son image : à la fois imposants, sucrés-salés, tendres et ludiques. Dans le quartier où il a installé son commerce en 2011 et partout où il distribue ses douceurs depuis son food truck, Rémy Couture ne fait que des heureux.

Au diable les restrictions de sucre et de gras, se dit-il. « Tant qu'à vendre des desserts, je veux que les gens en aient pour leur argent. Les portions sont grosses, mais il faut s'assumer. Y'a rien de mal à faire des excès de temps en temps », estime le chef pâtissier de 30 ans. Lorsque le propriétaire de Crémy Pâtisserie, situé sur l'avenue du Mont-Royal, a décidé de fabriquer ses six premiers beignes, il y a trois ans, il était loin de se douter qu'il en vendrait autant.

« Aujourd'hui, j'en produis facilement 400 quotidiennement et jusqu'à 2 500 certains jours de grande affluence, souligne-t-il. Il a fallu que je m'achète une énorme friteuse ! »

Il faut dire qu'en 2014, le chef québécois a beaucoup fait parler de lui lors de son passage à la populaire émission *Donut Showdown* sur la chaîne américaine Food Network. Son beigne au mélange unique de crème au citron, avec un glaçage aux framboises et perles gélifiées de champagne, lui avait alors valu le premier prix.

Son amour de la pâtisserie, il le doit à ses deux grands-mères avec lesquelles il a appris à cuisiner très jeune. « Chaque fois que j'allais chez ma grand-mère Couture, je revenais avec un gros sac plein de desserts », se souvient-il en admettant qu'il mangeait souvent plus qu'il ne mettait la main à la pâte. Il ramenait du gâteau Reine-Élisabeth, des carrés à la guimauve et au lait concentré sucré Eagle Brand, des granolas enrobés de croustillant aux arachides et de chocolat fondu, bref, des desserts typiquement québécois desquels il s'inspire aujourd'hui pour épater sa clientèle et éveiller en eux de doux souvenirs d'enfance.

À la fin de son secondaire, le chef originaire de Longueuil n'étonne personne en décidant d'aller se former en pâtisserie à l'école secondaire Jacques-Rousseau. Il décroche ensuite un stage au restaurant Chez L'Épicier. Il y perfectionne son art auprès du chef Laurent Godbout avant de s'envoler pour la France grâce à une bourse de 1 000 $, remportée dans le cadre du concours L'apprenti pâtissier du Québec. Il n'avait que 18 ans et déjà le succès frappait à sa porte.

Depuis, il a travaillé auprès des plus grands chefs du Québec et de la France, dont Pierre Hermé à Paris qu'il décrit comme le « god father » de la pâtisserie. « Je suis très compétitif, dit-il, j'ai toujours voulu travailler avec les meilleurs. »

Un jour, pourtant, il en a eu marre de la restauration et peut-être, surtout, de travailler pour les autres. Et lorsque son beau-frère lui a proposé d'investir avec lui dans une pâtisserie, il a plongé. « Ça va faire quatre ans cet été et je ne regrette pas mon choix », dit-il. Il prévoit même agrandir ses locaux dès le retour du beau temps pour pouvoir offrir aux clients des brunchs, de la pizza et de la crème glacée maison.

Produits vedettes

BEIGNES

Aux framboises et à la meringue, au caramel et au chocolat. La roue de truck au citron, une version de la roussette (vendus en tout temps). Le Boston à l'érable et au bourbon (le week-end seulement).

GÂTEAUX JOS LOUIS VERSION CRÉMY

CARRÉS AU CARAMEL

Inspirés des Ah Caramel ! de notre enfance, mais en plus savoureux !

Crémy Pâtisserie
2202, avenue Mont-Royal Est
Montréal (Québec) H2H 1K4
(514) 521-9696
Infos : www.cremypatisserie.com

LE BOUDIN DES FINS GOURMETS

«Je paie le taxi en boudin et je vous reviens»,
lance Benoît Tétard, le sympathique charcutier
de La Queue De Cochon à Montréal.

Depuis l'ouverture de son commerce au début des années 90, ce Français originaire de la Vendée peut se vanter d'avoir réussi à rehausser l'image de l'horrible boudin de notre enfance pour en faire un véritable mets gastronomique.

C'est que son boudin est drôlement bon. Le meilleur à Montréal, de l'avis de plusieurs amateurs. Moins sec et certainement plus savoureux que celui servi par nos mères pour remonter nos réserves de fer, tout en économisant sur le budget familial.

«Les Québécois ont d'abord connu le boudin industriel fabriqué mécaniquement avec du sang de bœuf, explique le charcutier. Le mien est préparé à la main, avec du sang de porc et des boyaux naturels, plus faciles à mastiquer.» Benoît Tétard se contente d'ajouter un peu de sel et de poivre et des oignons hachés, cuits à l'avance puis refroidis dans le frigo pendant deux jours.

Les clients réguliers n'hésitent pas à faire la queue tous les mardis pour faire leurs provisions de boudins frais. Il est préparé à la main le matin même, dans le respect des méthodes traditionnelles de son pays où il a appris tous les secrets du métier. « J'ai des clients qui déjeunent avec ça », raconte le commerçant. Il s'étonne aussi du succès qu'il connaît auprès de plusieurs grands restaurateurs de Québec. « Je vends plus dans les restos de Québec qu'à Montréal », note-t-il.

Lorsqu'il a ouvert sa première charcuterie, sur la rue Laurier, avec son épouse Renée Godbout, ils venaient tous les deux de perdre leurs emplois. Elle, dans une banque et lui comme cuisinier dans un restaurant. En jumelant leurs talents et passions, ils ne pouvaient que réussir.

« Pour moi, c'était enfin l'occasion de réaliser mon rêve après des années de tâtonnement dans le milieu de la restauration », dit Benoît. Il a été le premier à fabriquer du boudin artisanal à Montréal. « C'est avec ce produit qu'on a réussi à se distinguer », explique-t-il.

Ce qui l'embête un peu ces jours-ci, c'est la rareté grandissante du sang de porc sur le marché. Les règles régissant les abattoirs ont récemment été resserrées et jeter le sang des bêtes au lieu de le recycler finit par coûter beaucoup moins cher aux propriétaires. « Bientôt, déplore Benoît, un litre de vin coûtera moins cher qu'un litre de sang. » Mais qu'importe. Si jamais il venait à manquer de boudin un jour, il lui resterait encore beaucoup d'atouts dans son jeu pour séduire sa clientèle, notamment ses saucisses de porc (la bête ayant été élevée d'une manière naturelle chez F. Ménard, sans gluten, hormones ni agents de conservation), son foie gras, ses terrines, confits, rillettes et tous ses délicieux plats maison à emporter, préparés par leur fidèle cuisinier, P. Bonard.

Produits vedettes

BOUDIN NOIR

Boyaux naturels remplis manuellement avec du sang de porc, lardons de porc, oignons, sel, poivre.

BOUDIN AUX POMMES

Même recette que le boudin noir, avec des pommes en plus.

BOUDIN CRÉOLE

Sang de porc, lait, épices, rhum et un peu de pain.

BOUDIN BLANC

Du lait avec de la viande de porc liée avec du blanc d'œuf. « Plus une saucisse qu'un véritable boudin », précise le charcutier.

Les produits de la charcuterie sont aussi disponibles au Fromentier, rue Laurier à Montréal et à l'Épicerie européenne de Québec.

La Queue De Cochon
6400, rue Saint-Hubert
Montréal (Québec) H2S 2M2
(514) 527-2252
Infos : www.facebook.com/LaQueueDeCochon

QUAND L'ÉLÉGANCE RENCONTRE LA TRADITION

Elle mesure à peine 5 pieds 2 pouces, mais du haut de ses talons aiguilles, la dynamique et pétillante femme d'affaires de 32 ans, Catherine Cafiti, voit grand. D'ici dix ans, la jeune chef diplômée de l'Institut de tourisme et d'hôtellerie du Québec (ITHQ) rêve de tapisser la planète avec ses délices d'accompagnements pour fins palais.

La passion et la détermination qui brillent dans ses yeux noirs lorsqu'elle parle de son entreprise nous donnent envie de croire qu'elle réussira, même si elle prétend que le succès ne l'empêchera pas de conserver le caractère artisanal de ses produits. Après à peine 27 mois d'existence, ses meringues, betteraves au vinaigre de champagne et ses ketchups maison ont déjà réussi à trouver leur place sur les tablettes d'une centaine d'épiceries fines du Québec et de l'Ontario.

En mai 2012, elle a fait un passage remarqué à l'émission Dans l'œil du dragon, sur les ondes de Radio-Canada, en réussissant à obtenir un investissement totalisant 100 000 $.

Difficile de résister au charme de la jeune entrepreneure de Verdun, mais surtout à son modèle d'affaires assez unique en son genre.

« La mission de l'entreprise est de créer, de fabriquer et de distribuer des délices complémentaires fabriqués à la main et selon les règles de l'art, tout en favorisant l'embauche de gens avec difficultés légères », explique-t-elle. « Nous vivons dans

RÉGION MONTRÉAL...

un monde centré sur la consommation et la performance. Je veux faire une différence en donnant une chance à des gens qui auraient du mal à fonctionner avec trop de pression », fait-elle valoir. Pour y arriver, elle n'hésite pas à travailler plus de 12 h par jour, en s'impliquant dans toutes les étapes de production.

« Je suis une hyperactive », admet-elle. Très tôt, elle a su qu'elle travaillerait un jour dans le milieu de la cuisine. Pour calmer ses ardeurs, sa grand-mère maternelle l'a initiée à la cuisine entre l'âge de quatre et cinq ans. La petite Catherine enfilait son tablier à dentelle rouge, épluchait des carottes et déposait de la pâte à biscuit sur de grandes plaques.

Au début de l'âge adulte, elle a entrepris une formation collégiale en design, puis en cuisine à l'ITHQ. Après quelques années à travailler en restauration pour les autres, elle a voulu se créer un emploi à son image en s'inscrivant à un cours de démarrage d'entreprise aux HEC. « Au départ je voulais vendre des crèmes brûlées », raconte-t-elle. Pour recycler ses blancs d'œuf, elle préparait des meringues, qui ont finalement pris le dessus sur les crèmes : elles étaient plus faciles à commercialiser.

L'idée des conserves de betteraves et des ketchups aux fruits est venue ensuite. « Tous les automnes, je faisais mes marinades avec ma mère. Je me suis dit que je pourrais les vendre aussi. » Depuis, les idées et les projets se multiplient. Elle vient tout juste d'ajouter une nouveauté à la gamme raffinée de ses produits : des perles au vinaigre de champagne. Un accompagnement idéal, dit-elle, pour rehausser la saveur de nos huîtres cet automne.

Produits vedettes

MERINGUES

Délices sucrés faits à partir de blancs d'œufs frais, sans arômes artificiels, agents de conservation et gluten. Elles sont offertes en trois saveurs : chocolat et fleur de sel, citron et vanille, framboise et hibiscus et nature, enrobée de chocolat noir à 70 %.

BETTERAVES

Des betteraves soigneusement choisies dans le potager de cultivateurs locaux, préparées avec amour par des mains de fées et marinées dans le vinaigre de champagne.

PERLES AU VINAIGRE DE CHAMPAGNE

Les perles au vinaigre de champagne, semblables à de véritables petites perles de nacre, ajoutent de la texture à vos salades et rehausseront la saveur de vos huîtres.

Les produits de Catherine Cafiti sont distribués dans une centaine d'épiceries fines du Québec et de l'Ontario. Dans la grande région de Montréal, ils sont vendus, notamment, à la Fromagerie Hamel Jean Talon, à La maison du rôti sur l'avenue Mont-Royal Est, au Marché de chez nous à Longueuil et à La boîte à fleurs, boulevard Sainte-Rose à Laval.

Cafiti
847, Mc Affrey
Saint-Laurent (Québec) H4T 1N3
(514) 895-9644
Infos : www.cafiti.myshopify.com

LA CHARCUTERIE DANS SA PLUS PURE EXPRESSION

Cuisinier dans l'âme, passionné de photo, le jeune chef montréalais Ségué Lepage valsait depuis un moment avec ses multiples talents sans trop savoir sur quel pied danser, lorsqu'il est tombé par hasard sur une impressionnante boutique de charcuterie, au marché de Granville Island à Vancouver.

Il se trouvait chez Oyama Sausage, et il devait y avoir 150 variétés de charcuteries artisanales qui pendaient au plafond. « Je suis resté figé sur place. En une fraction de seconde, j'ai compris que c'était cela que je voulais vraiment faire », se souvient le propriétaire de la Réserve du Comptoir, un charmant petit commerce de la rue Amherst ouvert avec son frère Noël Lepage.

On y trouve une des meilleures sélections de charcuteries artisanales à Montréal : lomo, coppa, saucissons figatelli, jambon de canard, bacon fumé... Tous leurs produits sont préparés avec soin et minutie par un chef passionné qui ne demande qu'à séduire le palais des fins gourmets.

« J'aime les vieux procédés, dit-il. Du pain, du fromage, tout le monde fait ça, mais la charcuterie, c'est plus rare », note-t-il en rappelant qu'il y a dix ans, il était très difficile de trouver de la bonne charcuterie à Montréal.

Les procédés de transformation sont à la fois simples et complexes. « Un saucisson, c'est de la viande hachée épicée qu'on glisse dans un boyau. On le laisse fermenter entre 12 et 56 heures, puis on le met à sécher pour qu'il se déshydrate tranquillement. Pour obtenir la qualité désirée, il faut contrôler parfaitement les conditions de vieillissement », explique-t-il.

C'est dans le sous-sol de son restaurant de la rue Saint-Laurent (Le Comptoir charcuteries et vins), ouvert avec son frère à son retour de Vancouver il y a quelques années, qu'il a tranquillement peaufiné ses talents de charcutier.

« La cuisine traditionnelle me nourrit toujours, dit-il. La charcuterie c'est mon terrain de jeu. » Dans les nouveaux locaux de La Réserve, il expérimente différentes façons de faire, mais pas question pour lui de se lancer dans la fabrication de saucissons « funky » à toutes les sauces. Il veut perpétuer la tradition dans sa plus pure expression. « Je veux faire de beaux produits, fabriquer des saucissons de base en les poussant au maximum », dit-il. Son jambon de canard est sa plus belle création. « Je l'ai imaginé et reproduit. Je suis très content du résultat. »

La Réserve du Comptoir est la phase deux de leur projet de restaurant, un endroit où il peut désormais produire et vendre plus facilement ses charcuteries artisanales aux amateurs et restaurateurs. Outre les charcuteries (toutes préparées avec un minimum de nitrites), on peut s'y attarder pour manger un sandwich et boire un bon café. Les proprios aimeraient éventuellement servir des brunchs et offrir un service de boîtes à lunch pour les travailleurs du quartier de la rue Amherst.

Produits vedettes

JAMBON DE CANARD

Deux cuisses de canard désossées, collées ensemble, « plongées » dans de la saumure liquide (salée) puis cuites lentement au fumoir.

LA COPPA

Salaison d'origine italienne fabriquée à partir de l'échine de porc désossée, salée, séchée, affinée et parfumée à la sauge, au romarin et au thym.

SAUCISSON FIGATELLI

Saucisson d'origine corse, fabriqué avec des rognons et des cœurs de porc. Un produit « sanguin et intense » selon le chef.

BACON FUMÉ

Préparé en saumure sèche, assaisonné au laurier, à la baie de genièvre et au sirop d'érable. Un pur délice !

La Réserve du Comptoir
2000, rue Amherst (coin Ontario)
Montréal (Québec) H2L 3L9
(514) 521-8467
Infos : www.lareserveducomptoir.ca

LA MEILLEURE SAUCE TOMATE ITALIENNE EN VILLE

En entrant dans la Drogheria Fine de la rue Fairmount au cœur du Mile-End, on oublie rapidement les grands froids de notre hiver québécois. On s'y sent en Italie, réchauffés par les odeurs d'ail et d'oignons caramélisés qui flottent dans l'air. Au fond du local d'à peine 300 pieds carrés, Franco Gattuso et sa partenaire d'affaires, Rosa Scalia, surveillent d'un œil expert le contenu d'immenses chaudrons dans lesquels mijote la meilleure sauce tomate et basilic à Montréal.

« C'est la recette de ma maman », explique Franco en désignant tous les pots de Salsa della Nonna qui s'alignent sagement sur les tablettes de son épicerie aux allures d'antan aux côtés d'autres produits typiquement italiens. Une sauce toute simple, comme on en trouve beaucoup dans la région de Calabre, dans le sud de l'Italie, pays d'origine de sa mère. Elle est composée de tomates importées de Toscane, de basilic frais, d'huile d'olive et de sel de mer. On y ajoute de l'ail et des oignons caramélisés pour en rehausser le goût.

S'il n'hésite pas à dévoiler tous les ingrédients de la recette de son succès commercial, c'est que le véritable secret de sa sauce réside dans les techniques de cuisson. « Il y a une façon de la faire cuire, une texture à respecter pour qu'elle soit vivante et savoureuse », explique le propriétaire-cuisinier. Pendant quinze ans, il a tenu un restaurant italien avec sa mère et ses frères, rue Saint-Laurent à Montréal. El Piatto della Nonna a fermé ses portes il y a quelques années, mais la sauce de sa mère qu'on y servait pour accompagner toutes sortes de plats maisons italiens a survécu. « J'ai toujours voulu la commercialiser, raconte Franco. C'était ma première idée. » Dans le quartier de Villeray où il a grandi, tous les petits Italiens mangeaient la meilleure sauce en ville, mais ils ne le savaient pas. « Moi, je savais », dit-il, avec cette passion typiquement italienne dans les yeux.

À la fermeture de son restaurant, il a pris un congé de six mois pour se reposer et réfléchir à son avenir. Il est tombé par hasard sur son vieux dossier intitulé Salsa della Nonna. Son vieux rêve a refait surface. En 2010, il a trouvé le local actuel, situé juste à côté des Bagels Fairmount ; l'emplacement idéal pour s'assurer achalandage et visibilité. Trois ans plus tard, la Salsa de Caterina, sa maman de 78 ans, a déjà une réputation plus qu'enviable ; la sauce se vend bien. Presque trop, mais Franco avance prudemment. Il veut à tout prix conserver le côté familial et chaleureux de son entreprise.

Produits vedettes

LA SALSA DELLA NONNA

Une sauce tomate typiquement italienne, comme on en mange dans la région de Calabre dans le sud du pays, avec tomates, basilic, sel de mer, huile d'olive, ail et oignons caramélisés. Sans agents de conservation.

HUILE D'OLIVE DE CALABRE

Une huile italienne pure, non filtrée, avec dépôts, qui ne cesse de réjouir le palais des amateurs.

PLATS PRÊTS À MANGER

Lasagnes, gnocchis et autres plats maison à saveur italienne sont désormais surtout vendus à la deuxième adresse de la Drogheria, au 180 rue Beaubien, dans la Petite Italie.

La Salsa della Nonna est vendue aux deux adresses de la Drogheria Fine, chez Milano, rue Saint-Laurent, dans les fromageries Hamel, à la boucherie Chez Vito et à la fruiterie Young Brothers à Outremont, entres autres. Elle commence aussi à être distribuée depuis peu dans les sections de produits fins de certains IGA.

Drogheria Fine
68, rue Fairmount Ouest
180, rue Beaubien Est
Montréal (Québec) H2T 2M1
(514) 588-7477
Infos : www.facebook.com/
lasalsadellanonna

LE GOÛT DU CHILI AU CŒUR DU PLATEAU

Le 18 juin 2014, il a fait très chaud à la Chilenita, sympathique petit resto de quartier du Plateau Mont-Royal où l'on fabrique, aux dires de plusieurs habitués, les meilleurs empanadas en ville.

Ce jour-là, Québécois et membres de la communauté chilienne de Montréal, entassés devant l'écran géant installé juste à temps pour le Mondial, ont célébré la victoire de l'équipe de foot chilienne contre l'ancien champion du monde espagnol. « Il fallait être ici pour vivre ça. L'ambiance était géniale », racontent les copropriétaires du restaurant, Cristian Cano et Juan Donosco.

Lorsqu'ils ont décidé de se lancer en affaires, il y a huit ans, les deux amis avaient imaginé des soirées comme celle-là.

Ils rêvaient d'un lieu d'échange et de rassemblement sans prétention comme il en existe tout plein dans leur pays. À leur façon, ils sont parvenus à recréer à Montréal une bulle de culture chilienne, avec les parfums et les saveurs d'un pays qu'ils ont dû quitter dans la fleur de l'âge pour fuir un climat politique trop instable.

À son arrivée à Montréal, il y a une vingtaine d'années, Cristian a travaillé pour une entreprise paysagiste, avant d'être embauché dans les cuisines de la première Chilenita, ouverte en 1991. De son côté, Juan travaillait au service des banquets de l'hôtel Delta au centre-ville de Montréal. Il a rencontré son ami et futur partenaire d'affaires en mangeant des empanadas à la Chilenita.Lorsque les propriétaires ont parlé de vendre, les deux amis ont sauté sur l'occasion. Ils ont graduellement donné leurs propres couleurs à l'établissement.

Les empanadas, emblème de leur culture culinaire, font leur réputation depuis des années. Ils sont préparés sur place avec des ingrédients frais et locaux, dans la mesure du possible.

Si d'autres éléments ont été ajoutés au menu au fil des ans (hot dog chiliens, sandwichs chiliens Barrosluco en l'honneur de son créateur, l'ancien président chilien, poissons et autres plats végétariens), la majorité de leurs clients se déplacent encore pour savourer ou commander leurs succulents chaussons farcis à la viande, au poulet, au thon ou aux légumes.

L'empanada traditionnel contient un mélange de bœuf haché, d'œufs durs, d'olives noires et de raisins secs. « Nous avons enlevé les raisins dans les nôtres, précise Cristian. Une simple question de goût. » Pour plaire à leurs clients végétariens, ils offrent plusieurs variétés d'empanadas à base de légumes.

Ensuite, la Chilenita a emménagé dans un nouveau local plus grand, au 100 rue Marie-Anne Ouest. « Nous pouvons accueillir plus de monde ici », se réjouit Juan. Ils peuvent aussi rêver d'offrir éventuellement un menu plus élaboré le soir avec une carte de vins chiliens, sans oublier le Pisco sour, une boisson traditionnelle chilienne à base de Pisco (alcool de raisin) et de jus de lime.

Produits vedettes

EMPANADAS VÉGÉTARIENS

Aux épinards avec fromage feta et ricotta. Le Napolitana avec artichauts, fromage de chèvre, olives vertes et sauce tomate. Aux aubergines avec oignons et champignons.

EMPANADAS À LA VIANDE

Au poulet, au thon ou au bœuf avec olives noires et œufs durs.

SANDWICH CHILIEN BARROSLUCO

Tomate, mayo, avocat, bœuf tranché mince et fromage fondu entre deux tranches de pain chilien artisanal, comme le font les grands-mamans chiliennes.

La Chilenita
100, rue Marie-Anne Ouest
Montréal (Québec) H2W 1B9
(514) 982-9212
Infos : www.lachilenitamtl.com

GELATO : LE ROI DES DESSERTS GLACÉS

Gelato au chaï ou à l'avocat, sorbet au pamplemousse rose ou à la fraise et au basilic, les deux propriétaires de Paysanne Gelato, Caroline et Jean François Beetz ne manquent pas d'audace pour séduire les amateurs de desserts glacés. Lorsqu'ils ont repris les rênes du commerce de leurs parents en 2009, le frère et la sœur ont voulu donner un nouvel élan à l'entreprise familiale, bien implantée dans la couronne nord de Montréal depuis 25 ans, en remplaçant la crème glacée traditionnelle par le réputé gelato italien.

Les six bars laitiers de Crème glacée paysanne ont été regroupés sous la bannière Paysanne Gelato. Depuis, la nouvelle compagnie a ouvert des comptoirs de vente dans plusieurs centres commerciaux de Montréal et de la Rive-Nord et offre, selon les saisons, une

gamme alléchante de plus de 75 saveurs de gelato, de sorbet, de granité, de yogourt glacé et de desserts glacés à base de gelato.

« Les gens nous confondent parfois avec des chaînes américaines, mais nous produisons tout de façon artisanale dans notre petite usine de Boisbriand. On veut absolument conserver le côté artisanal et familial de l'entreprise », insiste Jean-François.

Jusqu'à maintenant, le commerce réussit à fonctionner en embauchant surtout des membres de la famille. Cousins, cousines, beau-frère, enfants, oncle et tante, tout le monde y trouve sa place.

« Pas question de vendre des franchises, précise le jeune homme d'affaires. On veut multiplier nos points de vente le plus possible sans perdre le contrôle. »

Formé en finances et en gestion, il a toujours su qu'il travaillerait un jour pour Crème glacée paysanne. « Nous avons grandi avec l'entreprise de mes parents », raconte-t-il. C'est donc tout naturellement qu'il a choisi de rédiger une thèse de maîtrise sur la gestion d'une entreprise de gelato. Pourquoi le gelato ? « Parce que les gens qui ont le moindrement voyagé savent que le gelato est le roi des desserts. C'est un produit très tendance », note-t-il.

MEILLEUR POUR LA SANTÉ

« Le gelato est meilleur pour la santé et meilleur au goût », ajoute sa sœur Caroline. Fabriqué avec du lait entier et un peu de crème, il est moins gras que la crème glacée. De plus, sa texture plus onctueuse et plus dense permet de concentrer davantage les saveurs.

Lorsqu'elle a décidé de faire équipe avec son frère, Caroline souhaitait mettre à profit son côté créatif. Elle s'est formée avec des maîtres glaciers en Europe. Depuis, c'est la jeune femme qui développe les saveurs du mois, choisit, achète les ingrédients et soigne la présentation visuelle des comptoirs réfrigérés. « Je m'inspire de tout, partout où je vais », dit-elle. Si Caroline réinvente les classiques, elle n'hésite pas à secouer les habitudes en imaginant, seule ou en équipe, des gelatos aux courges, au carré aux dattes et au gâteau aux carottes.

Découvrir la réaction des gens chaque fois qu'une nouvelle saveur voit le jour les comble, mais ce dont ils sont le plus fiers, c'est le travail d'équipe qu'ils réussissent à accomplir chaque jour.

Produits vedettes

GELATO

Goûteux et onctueux, le gelato est préparé selon la méthode artisanale italienne à partir d'un mélange de lait et de crème pure à 100 %. Aucuns agents de conservation.

SORBET ET GRANITÉ

Les sorbets sont préparés à partir d'une purée de fruits frais de saison, si possible, à laquelle on ajoute un léger sirop. Les granités sont fabriqués à partir de jus frais (citron par exemple). La texture est plus cassante.

YOGOURT GLACÉ

Fabriqué avec la recette de yogourt familiale: On y ajoute une touche de crème et différentes saveurs.

Les produits de Paysanne Gelato sont vendus au Centre Eaton ainsi que dans six autres succursales de la région de Montréal, de la Rive Nord et de Québec.

Paysanne Gelato
4456, boulevard Grande Allée
Boisbriand (Québec) J7H 1R9
(514) 208-6897
Infos : www.paysannegelato.com

DU CHOCOLAT POUR CHANGER LE MONDE

Changer le monde, un chocolat à la fois, c'est la vision qui motive désormais la chocolatière Geneviève Grandbois à se dépasser et à repousser toujours plus loin les limites de son métier.

Lorsque son aventure chocolatée a commencé, il y a seize ans, elle carburait au plaisir. Inventer des douceurs pour ensuite savourer la joie de semer du bonheur autour d'elle la comblait totalement. Suffisamment, raconte la jeune femme, pour lui faire oublier la carrière de comédienne à laquelle elle aspirait avant de décider, à l'âge de 23 ans, d'ouvrir La maison Cakao, sa première boutique de chocolats à Montréal.

Après avoir assisté à une conférence sur le chocolat, la jeune artiste a réveillé en elle la gourmande et l'entrepreneure. En écoutant tous ces chocolatiers parler de leur passion, elle s'ouvrait soudain à « un monde poétique de saveurs, de sensations et de possibilités ». Elle découvrait avec délice que le chocolat, comme le théâtre, pouvait lui aussi susciter l'émotion.

Après deux années de durs labeurs et la naissance d'un premier enfant, la boutique a été vendue. « J'étais épuisée, j'avais besoin d'une pause pour me réinventer », raconte celle qui s'imaginait pouvoir continuer à confectionner seule ses chocolats, en traînant son bébé dans son dos, comme les femmes africaines. Chocolats Geneviève Grandbois a vu le jour en 2002. La chocolatière a refait surface dans un contexte mieux organisé, avec un look plus contemporain, de nouvelles saveurs, de nouvelles collections thématiques et des créations sur mesure qu'elle a d'abord vendus depuis son kiosque du marché Atwater. Dix ans plus tard, elle possède trois boutiques dans la grande région de Montréal.

ENCORE DES PROJETS

Les années ont passé et, la maturité aidant, Geneviève Grandbois ressent désormais le besoin d'attiser la flamme de sa passion en se lançant dans de nouveaux projets tous plus fous les uns que les autres. Dégustations avec orchestre symphonique, rédaction de son magnifique livre Passion Chocolat... Amenez-en des projets! Et rien, même l'arrivée d'un deuxième enfant, ne semble pouvoir freiner les ardeurs de cette grande passionnée. « Je veux avoir un impact positif dans le monde, dit-elle. Trouver une raison de continuer qui dépasse la simple rentabilité. »

C'est avec ce nouvel objectif en tête qu'en 2006, elle achète sur un coup de tête une plantation de cacao au Costa Rica. « Ç'a été un coup de foudre violent», décrit-elle. Son rêve ultime serait d'arriver à contrôler la chaîne de production d'un bout à l'autre, mais il reste encore beaucoup de chemin à parcourir avant d'en arriver là. Sa plantation de cacaoyers ne produit pas encore suffisamment pour les besoins de l'entreprise. «Un jour, rêve-t-elle, j'aimerais pouvoir exporter mon expertise dans le pays producteur». Faire du bien au corps et à l'âme des consommateurs, aux petits producteurs et à la planète, elle ne demande rien de moins.

Produits vedettes

SANDWICH DE LA CHOCOLATIÈRE

(Recette tirée du livre *Passion Chocolat*, aux éditions de L'Homme.)

1 pain de campagne
Beurre naturel d'amandes ou de noisettes
1 fine tablette de votre chocolat noir ou au lait préféré, concassée en morceaux
1 banane coupée en rondelles
Caramel à la fleur de sel coulant

Trancher le pain en deux sur la longueur et faire griller au four.
Tartiner de beurre d'amandes ou de noisettes, puis garnir de chocolat, de banane et de caramel.
Refermer en sandwich, tailler selon le nombre de portions désirées et déguster.

Les produits de Mme Grandbois sont aussi disponibles au comptoir du marché Atwater, dans sa boutique du quartier DIX30 et dans divers points de vente au Québec.

Chocolats Geneviève Grandbois
162, rue Saint-Viateur Ouest
Montréal (Québec) H2T 2L3
(514) 394-1000
Infos : www.chocolatsgg.com

DES GRANOLAS BIONIQUES

«Euphorique, aphrodisiaque, vitalité, divin…»; les noms imaginés par la fondatrice de La Fourmi Bionique, Geneviève Gagnon, pour décrire les mélanges de ses granolas maison font saliver d'envie. Impossible d'y résister.

Mais il n'y a pas que l'originalité des noms qui expliquent l'engouement grandissant des consommateurs pour les produits de la petite entreprise artisanale montréalaise. Le choix judicieux des ingrédients qui composent les mélanges céréaliers des biscuits et le soin minutieux apporté à leur cuisson y sont aussi pour quelque chose, croit la femme d'affaires de 39 ans.

Outre les flocons d'avoine, on y trouve, entre autres, des morceaux de caramel salé croquants, des éclats de chocolat noir, des pétales de souci, du ginseng sibérien et de la racine de guimauve, des ingrédients biologiques pour la plupart, qui proviennent à 85 % du terroir québécois.

De toute évidence, la fondatrice de la plus importante entreprise de production de céréales au Canada ne manque pas d'imagination et encore moins de ténacité pour mener ses projets à terme. Au cours des dix dernières années, il lui aura fallu exécuter mille et une pirouettes pour maintenir son entreprise sur les rails, ceci sans avoir à faire de compromis sur la qualité de son produit.

Aujourd'hui, La Fourmi Bionique emploie 16 vaillantes petites fourmis. Ses granolas sont distribués dans plus de mille points de vente au Québec et en France, notamment à la Grande Épicerie du Bon Marché et aux Galeries Lafayette, à Paris. Une

réussite surprenante pour une jeune femme qui se destinait à une carrière dans le milieu des communications. « J'ai toujours eu envie d'ouvrir un restaurant », explique Geneviève. À 27 ans, elle s'est amusée à « jouer au restaurant » en exploitant une table champêtre clandestine dans son appartement du Plateau. « J'ai servi des granolas maison lors d'un brunch. Les gens ont adoré », se souvient-elle. C'est là que le déclic s'est produit.

Pendant quatre mois, elle a élaboré sa recette en s'appuyant sur les commentaires d'un groupe de clients. Dès le début, son projet a séduit les juges de plusieurs concours en entreprenariat. Les bourses et les prêts se sont succédé ; ils encourageaient chaque fois la jeune entrepreneure à s'accrocher à son rêve, malgré la lourdeur de la tâche et les nombreux défis à relever. « Jusqu'à tout récemment, nous coupions encore nos morceaux de chocolat à la main », raconte-t-elle. Pour alléger le travail de ses employés, Geneviève a fait concevoir un appareil en France pour formater leurs morceaux de chocolat selon leurs besoins.

« Le succès, c'est une qualité de vie pour moi et mes employés, dit-elle, une tranquillité d'esprit qui s'installe et qui me permet désormais de prendre tout le temps nécessaire pour m'occuper de mon adorable petite fille. » Au cours des prochaines années, elle veut délaisser l'aspect administratif de son entreprise pour créer de nouvelles saveurs et développer d'autres marchés au Canada et à l'étranger.

Produits vedettes

MÉLANGE EUPHORIQUE

Granola doré au miel du Québec avec caramel salé, chocolat au lait biologique et équitable et racine de guimauve.

MÉLANGE APHRODISIAQUE

Granola doré au miel du Québec avec morceaux de chocolat noir 71 % cacao biologique et équitable, amandes grillées, raisins de Corinthe et ginseng sibérien.

MÉLANGE VITALITÉ

Granola rôti au miel de trèfle du Québec avec canneberges, morceaux de pommes caramélisées, amandes grillées et pétales de souci.

Les céréales et barres granolas de La Fourmi Bionique sont en vente dans la plupart des supermarchés IGA et Métro. On peut aussi en commander en ligne sur le site web de la compagnie.

La Fourmi Bionique
5530, rue Saint-Patrick, suite 1109
Montréal (Québec) H4E 1A8
(514) 769-4246
Infos : www.lafourmibionique.com

LA PROMESSE D'UN FILS À SON PÈRE

Lorsque son père est décédé il y a quelques années, le copropriétaire de la pâtisserie portugaise Bela Vista à Montréal, Carlos Cunha, a déposé sur sa tombe une couronne de branches d'olivier tressée de ses mains.

Un geste tissé de respect et porteur d'une promesse d'un fils à son père : celle d'accomplir enfin ses dernières volontés. « Mon père rêvait de vendre son huile d'olive dans les grandes villes du monde, raconte Carlos. Il me répétait souvent, "tu es dans la restauration, tu as tous les contacts, pourquoi n'essaies-tu pas de commercialiser notre huile ?" »

L'idée flottait dans l'air, sans plus. La mort de son père a précipité les choses. Il a repris la terre familiale de Bela Vista, petit village portugais où il a grandi au milieu des oliviers, des odeurs de pins et d'eucalyptus et confié à son frère l'exploitation de l'oliveraie familiale. « Notre huile est produite essentiellement à partir d'olives Galega, une des variétés les plus anciennes. Nous y ajoutons d'autres variétés plus récentes pour en réduire l'acidité. Le résultat final donne une huile douce et fruitée avec des notes de noix de Grenoble, d'artichaut et de pomme verte. Du pur nectar », assure Carlos.

Depuis deux ans, l'huile Bela Vista de la famille Cunha trône fièrement sur les comptoirs de la pâtisserie de la rue Papineau, propriété de Carlos et de son épouse Anna Marisa Moreira, juste à côté des réputées *pastéis de nata*. Ces tartelettes traditionnelles portugaises à base de lait et d'œufs font la notoriété de l'endroit depuis l'ouverture de leur premier commerce de l'avenue des Pins en 1994. L'huile d'olive était la suite logique d'une belle aventure familiale.

Lorsque le couple a immigré au Québec au début des années 90, ils rêvaient d'un projet bien à eux, qui leur permettrait de partager leur culture avec les Montréalais. Selon Carlos, sa femme serait une des rares pâtissières montréalaises à connaître les secrets de fabrication des natas à la manière de Belem, ville d'origine des tartelettes. « Ma femme fabrique les meilleurs natas en ville », affirme Carlos ; avant de venir s'installer à Montréal, elle a travaillé avec un grand chef de Lisbonne. C'est lui qui lui aurait transmis le savoir-faire traditionnel des premiers fabricants de natas. « C'est la pâte feuilletée qui fait toute la différence, explique le commerçant. Elle doit être fine, craquante et la crème, au centre, légère comme de la crème brulée. » Anna Marisa a ajouté sa touche personnelle en développant de nouvelles saveurs. Natures, à l'érable, au chocolat ou à la noix de coco, ces tartelettes fondent dans la bouche et leur pâte légère et feuilletée craque finement sous la dent.

Produits vedettes

LES NATAS

Tartelettes de pâte feuilletée à base d'œuf et de lait offertes en différentes saveurs : natures, à l'érable, au chocolat et à la noix de coco.

En 1837, les natas étaient préparées par les religieuses du monastère des Hiéronymites et vendues à leur boutique par les moines pour assurer la survie de leur ordre.

HUILE D'OLIVE BELA VISTA

Une huile extra-vierge pressée à froid au moulin du village de Bela Vista au Portugal. Elle est extraite en grande partie d'olives Galega, une variété ancienne qui pousse dans l'oliveraie de la famille de Carlos Cunha.

On peut déguster les natas sur place, dans quelques restaurants portugais montréalais, épiceries portugaises et épiceries fines du Plateau-Mont-Royal. Leur huile d'olive est vendue essentiellement sur place.

Pâtisserie Bela Vista
6409, avenue Papineau
Montréal (Québec) H2G 2X1
(514) 227-1777
Infos : www.pasteis-de-nata.com

ORO ROJO SÉDUIT LES AMATEURS DE SAUCE PIQUANTE

Ils ont le sens des affaires dans le sang. Armés de leur nouvelle sauce piquante Oro Rojo, les frères Fuenzalida (Fuenz pour les intimes) rêvent déjà de conquérir le monde. Rien de moins.

« Nous voulons devenir le Red Bull de la sauce piquante », disent-ils. Et pourquoi ne pas remplacer la célèbre Sriracha dans le cœur des Québécois en leur offrant un produit semblable, fabriqué chez nous ?

Lorsque les deux jeunes hommes d'affaires de Rosemont se lancent dans le récit passionné des étapes franchies pour arriver à mettre au point leur propre recette, on se dit qu'ils pourraient très bien y arriver. Depuis qu'ils sont tout petits, David, 29 ans et Daniel, 33 ans, assaisonnent leurs aliments avec une sauce typiquement chilienne, celle que leur mère leur a toujours servie. Cette sauce préparée à partir d'une pâte de piment mélangée à du vinaigre, ils la trouvaient déjà très bonne. La leur, assurent-ils, pourrait créer une réelle dépendance chez ceux qui la goûteraient. « Chaque fois que nous mangions cette sauce dans un restaurant chilien ou ailleurs, nous nous disions, mais pourquoi personne n'a encore pensé à la commercialiser ? », raconte Daniel. Professeur d'éducation physique, il a aussi en poche un baccalauréat en commerce. Avec son frère David, diplômé de HEC, ils avaient tous les outils en main pour concrétiser leur rêve, sauf l'argent pour produire en grande quantité.

Dans la cuisine du condo qu'ils partageaient au début de l'aventure, ils ont expérimenté différentes recettes avant d'arriver à fabriquer leurs premiers 600 pots de sauce à leurs frais. « Nous en voulions une plus liquide que l'originale, produite à partir de piments frais pour pouvoir contrôler toutes les étapes de fabrication. » Une subvention de Les Offices jeunesse internationaux du Québec (LOJIQ) leur a permis de faire un voyage au Chili pour trouver le piment parfait qui leur permettrait d'obtenir le goût recherché. Ils sont rentrés avec des aji rojo chicano et cacho de cabra, deux variétés de piments forts qu'ils pourraient éventuellement essayer de faire pousser au Québec. Une fois ces légumes séchés et broyés, les deux frères ont demandé au « peppermaster » Greg Brook, de reproduire leur recette en y ajoutant des tomates, de la coriandre, du citron, des oignons et de l'ail. « Le secret est dans l'équilibre des ingrédients », note Daniel.

CAMPAGNE KICKSTARTER

Les premiers pots se sont vendus comme des petits pains chauds. Le chef du restaurant Pastaga, Martin Juneau, est déjà conquis. Les deux entrepreneurs souhaitent maintenant produire 1 200 pots. Pour y arriver, ils ont démarré une campagne de financement social sur Kickstarter, un site qui permet à tout le monde (vous comme moi) de financer des projets jugés prometteurs, tout en obtenant en échange certains avantages (par exemple, un pot de sauce, un t-shirt, une casquette etc.) « Il faut avoir la foi », disent les deux frères. De toute évidence, ils ont su inspirer la confiance des amateurs de sauces piquantes. Et ce n'est qu'un début !

Produits vedettes

LA SAUCE PIQUANTE ORO ROJO

Fabriquée dans le même esprit que la sauce Sriracha, une sauce aux piments forts commercialisée aux États-Unis par un Vietnamien de Los Angeles, David Tran. La sauce des frères Fuenz combine piments forts séchés et broyés importés du chili, tomates, jus de citron, coriandre, ail et oignons.

On la sert sur du poulet, de la pizza, avec des nachos, ou pour donner un peu de piquant à n'importe quel plat.

Sauce Oro Rojo
David et Daniel Fuenzalida, fondateurs
Montréal (Québec)
Infos : www.facebook.com/ororojosauce

FOUS DU PHOQUE

« La chasse au phoque gris a été bonne cette année », souligne Stéphane Vigneau. Dans son charmant commerce de la rue Beaubien à Montréal, ce Madelinot pure laine, chasseur de phoque à ses heures, désigne fièrement son congélateur rempli de steak, de saucisses, de rillettes, de filets mignons et d'autres produits dérivés du loup marin. « Je ne suis pas très viande », l'avais-je prévenu lorsqu'il m'a proposé une dégustation de viande de phoque apprêtée par ses talentueux cuisiniers, Samuel Renaud et Cédric Tavan. La semi-végétarienne en moi a pourtant été séduite.

Comme tous les amateurs de cette viande maigre (riche en fer et en vitamine B12) qui défilent chaque jour dans son commerce, j'y reviendrai certainement faire quelques réserves et dérober au passage la succulente recette de sauce aux canneberges et porto du chef. Il y a quelques années, la saison de la chasse a dû être annulée aux îles de La Madeleine. La glace était

trop épaisse pour laisser passer les bateaux des chasseurs. « Un seul bateau a pu se rendre à Terre-Neuve, mais on a tout de même manqué de viande », explique le copropriétaire de la poissonnerie-épicerie fine, Fou des Îles, située sur la rue Beaubien à Montréal.

Cette année, ses clients montréalais et européens auront de quoi se sustenter en attendant le début de la saison de la chasse au phoque du Groenland qui débute fin mars. « Tout le monde ne boude pas la viande de phoque. Au contraire, on en redemande ! », dit celui qui a ouvert son commerce il y a trois ans avec son ami Didier Dumont en se donnant pour mission, entre autres, de rétablir la réputation des chasseurs de phoque madelinots. Lorsqu'un client entre chez lui pour se procurer du poisson frais ou autres produits fins du terroir madelinot, il arrive qu'il se scandalise d'y trouver de la viande de phoque. Stéphane se fait alors un devoir de sortir son hakapik (instrument utilisé pour tuer les loups marins rapidement et sans souffrance) et de raconter sa version des faits.

ACTIVITÉ ANCESTRALE CONTROVERSÉE

« On ne tue plus les bébés phoques depuis des années. Seulement des phoques adultes et autonomes. Et non, on ne les dépèce pas vivants », insiste-t-il. Cette activité ancestrale, qui a longtemps permis aux Amérindiens et à plusieurs populations côtières et insulaires de survivre durant les longs mois d'hiver, souffre encore aujourd'hui d'une controverse alimentée par divers groupes environnementalistes et animaliers depuis le début des années 70.

Ces groupes, souvent mal informés selon lui, profiteraient encore aujourd'hui de la sympathie du grand public à l'endroit de ces adorables créatures marines pour engraisser les coffres de leurs organisations. Et cela, au détriment d'une industrie alimentaire viable et plus respectueuse de l'environnement que bien d'autres, dont on se scandalise beaucoup moins facilement.

« Aux Îles, la chasse au phoque se fait sans gaspillage », assure-t-il. Outre la viande utilisée pour la consommation humaine, la peau sert à fabriquer des bottes, des chapeaux, des mitaines et des porte-monnaie. Le gras est transformé en collagène et fournit une des meilleures sources d'oméga-3 disponibles sur le marché.

La viande de phoque du Fou des Îles provient de la boucherie Côte à Côte des Îles de La Madeleine, propriété de Réjean Vigneault. « Si la viande de phoque se vend de mieux en mieux au Québec, c'est grâce à lui », souligne Stéphane Vigneau. Un projet d'usine de transformation du phoque serait même dans l'air, me souffle le commerçant. À suivre...

Produits vedettes

VIANDE DE PHOQUE

Son goût ferreux rappelle celui de la viande chevaline et de l'orignal. On la transforme en steak, filets mignons, saucisses, saucissons secs, terrines, rillettes et viande hachée. Son goût est agréablement rehaussé avec une sauce aux canneberges, bleuets et mûres.

CAPSULES D'HUILE DE PHOQUE DPA GOLD

Excellente source d'oméga-3 (AEP, ADH, DPA).

La poissonnerie-épicerie fine Fou des Îles est le plus gros distributeur de viande de phoque à Montréal. On y vend aussi du poisson frais, des mets préparés et une foule de produits du terroir madelinot.

Fou des Îles
1253, rue Beaubien Est
Montréal (Québec) H2S 1V1
(514) 656-1593
Infos : www.facebook.com/FOU-DES-ILES

SAVOURER LA GRÈCE AU BOUT D'UN COMPTOIR

Parfois, on a envie de manger vite et bien sans se ruiner. Oubliez le McDo et le Tim Hortons. On peut toujours trouver mieux. Si vous habitez le Mile-End ou passez dans le coin, faites un saut du côté du Phyllo Bar Melina's, un sympathique petit comptoir où l'on vous servira avec le sourire, et un brin de jasette en prime, de croustillants carrés de pâte phyllo maison, farcis au feta et aux épinards (spanakopita), fraîchement sortis du four.

Joanna Chery, la charmante propriétaire de l'endroit, travaille 15 heures par jour depuis 3 ans pour arriver à faire tourner rondement son petit coin de Grèce aux murs bleu azur qui, dit-elle, répond aux besoins d'une clientèle qui lui ressemble : des gens occupés, pressés par le temps, qui n'ont pas toujours le temps de cuisiner, mais ne veulent pas faire de compromis sur la qualité des aliments qu'ils consomment.

Dans la Grèce natale de sa mère, des comptoirs d'alimentation rapide comme le sien poussent à tous les coins de rue. Au Québec, l'habitude se développe peu à peu, surtout dans les grandes villes. Dans le quartier que Joanna a choisi pour construire ce rêve qui l'habite depuis l'enfance, les gens n'hésitent pas à sortir pour déguster sur place ou emporter chez eux ses spanakopitas, tiropitas, prassopitas et bougatsas, quatre feuilletés à base de pâte phyllo, farcis avec différents ingrédients salés ou sucrés. La jeune femme offre aussi des sandwichs, soupes et salades, notamment, tous faits maison.

Diplômée en relation humaine de l'université Concordia, l'entre-preneure travaille avec des non-voyants le jour et termine ses

soirées dans son petit commerce de l'avenue du Parc, où elle fait le plein d'échanges humains et prépare la soupe maison du lendemain. « Le contact avec les gens, c'est aussi important que la nourriture qu'on leur sert », dit la jeune femme de 32 ans qui a passé une bonne partie de sa jeunesse à cuisiner avec sa mère et ses quatre sœurs aînées. « Dans notre culture, manger ensemble est une façon de partager notre amour, explique celle qui possède aussi des origines haïtiennes du côté paternel. Avoir l'honneur de bien nourrir les gens de mon quartier, c'est mon grand bonheur. »

Son commerce a été baptisé en hommage à l'actrice et politicienne grecque Melina Mercouri. « J'admire cette femme, dit-elle. Elle a été la voix de la démocratie en Grèce à la fin des années 60. » Inspirée par le courage et la détermination de cette femme connue, Joanna s'accroche à son rêve malgré les défis qu'elle a pu croiser depuis le début de son aventure, à commencer par les difficultés à trouver du financement. Joanna et son ex-partenaire d'affaires, avec lequel elle a lancé son commerce au début de l'année 2012, ont dû eux-mêmes tout financer, avec l'appui de leur famille.

En attendant de pouvoir se consacrer à temps plein à son entreprise, elle rêve du jour où elle pourra distribuer ses carrés de pâte phyllo dans les marchés d'alimentation et pourquoi pas aussi ouvrir de nouveaux comptoirs un peu partout à Montréal.

Produits vedettes

SPANAKOPITA

Carré de pâte phyllo farci aux épinards et au feta.

TIROPITA

Carré de pâte phyllo farci au feta et à la ricotta.

PRASSOPITA

Carré de pâte phyllo farci aux poireaux et aux pommes de terre.

BOUGATSA (DESSERT)

Carré de pâte phyllo farci à la crème anglaise à la vanille.

En plus du menu régulier qu'on peut commander sur place ou emporter, Joanna offre un service de traiteur.

Phyllo Bar Melina's
5733, avenue du Parc
Montréal (Québec) H2V 4H2
(514) 270-1675
Infos : www.facebook.com/PhylloBarMelina

AUDACE ET SENSUALITÉ AU POINT G

Il faut une bonne dose d'inconscience pour oser se lancer en affaire et de la folie créatrice plein la tête pour tenir le coup, affirme le propriétaire de la boutique Point G, Julien Reignier.

Le jeune pâtissier, originaire de Haute-Savoie, en France, possède assurément toutes ces caractéristiques. Pour s'en convaincre, il faut aller faire un tour dans sa colorée boutique de l'avenue Mont-Royal et se laisser tenter par ses créations gourmandes, toutes plus inspirantes les unes que les autres.

Après à peine cinq ans d'existence, le Point G a déjà conquis le cœur et les papilles des Montréalais avec ses célèbres macarons, ses sorbets fabriqués avec de vrais fruits et ses délicieuses gaufres liégeoises. Malgré un succès inespéré (l'entreprise produit 10 000 macarons par jour), Julien Reignier n'est pas le genre à s'asseoir sur ses lauriers. L'an dernier, il a mis au point une série de nouveaux produits, dont une variété de perles de vinaigre, une délicieuse tartinade de pralines roses et des bâtonnets de chocolat pétillant, présentés dans un séduisant coffret en forme de bâtons de dynamite. « Si je cesse d'innover et de me remettre en question, je vais disparaître, dit-il. Les idées fourmillent dans ma tête. C'est comme s'il y avait là une grosse commode avec plusieurs tiroirs : un pour le goût, un pour la texture et un autre pour la couleur. » Chacun de ces tiroirs recèle une expérience gustative et sensorielle vécue au hasard d'un voyage qu'il cherche à reproduire pour la partager avec sa clientèle.

BESOIN D'EXPRESSION

En 2008, il a quitté son poste de chef pâtissier au restaurant Nuances du casino de Montréal. Il n'arrivait plus à y exprimer sa folie créatrice. « J'avais l'impression d'être enfermé dans une prison dorée, dit-il. Je n'aime pas être dans une zone de confort. »

Avec son ami et collègue de l'époque, le pâtissier Thierry Andrieu, il a décidé de se lancer en affaires. Leur premier projet, Le roi de la gaufre, s'est rapidement transformé en Point G. « Tu ne vas pas me faire ça ! Qu'est-ce que je vais dire à mes copines ! », s'est exclamée la mère de Julien, lorsqu'il l'a jointe en France par téléphone pour lui faire part du nouveau nom retenu. « Quand on a vu que ça ne passait pas, on s'est dit, ça y est, il faut le faire », raconte Julien.

Le nom de la boutique a fait jaser. « Nous avons misé sur le côté sexy de nos produits sans jamais tomber dans la vulgarité, explique-t-il. Notre but était de faire vivre une expérience multisensorielle à nos clients en leur offrant des produits de qualité. » Depuis plus de trois ans, Julien Reignier est l'unique propriétaire de la boutique. Son partenaire d'affaires a dû raccrocher son tablier à la suite d'un grave accident de moto. « Les dernières années ont été très difficiles, admet-il. Je continue malgré tout pour avoir le plaisir de créer et de m'éclater. »

Produits vedettes

MACARONS

Meringues aux amandes avec différentes ganaches à l'intérieur. Plus de 100 saveurs ont été créées au fil des ans, dont caramel et fleur de sel, framboise-coquelicot, lime-basilic, crème brûlée, lavande-bleuet, vinaigre balsamique et abricot-thé noir.

BÂTONNETS DE CHOCOLAT PÉTILLANT

Préparés avec du chocolat noir Inaya, au lait Alunga ou blond (dulce de leche). Un délicieux rappel des bonbons pétillants de notre enfance.

PERLES DE VINAIGRE

Pour assaisonner les salades, accompagner les fromages fondus ou les incorporer aux sushis. Elles sont offertes en six variétés : vinaigre balsamique, érable, fruit de la passion, framboise, citron et wasabi et gingembre.

Boutique Point G/Macarons maison et gourmandises
1266, avenue du Mont-Royal Est
Montréal (Québec) H2J 1Y4
(514) 750-7515
Infos : www.boutiquepointg.com

LA SAUCE FORTE RÉINVENTÉE PAR UN MONTRÉALAIS

Sinaï, c'est d'abord le nom d'une péninsule égyptienne, terreau d'une rencontre amoureuse entre le Québec et l'Égypte, mais c'est aussi celui de la première sauce piquante sans vinaigre, inventée et commercialisée chez nous par le Montréalais Laurence Isaac. «Je suis un amateur de sauce forte depuis l'enfance», raconte l'homme d'affaires de 37 ans, né de l'union d'une Québécoise de Saint-Edwidge et d'un père originaire du Caire.

Curieusement, ce n'est pas dans le pays de son père, où il a passé plusieurs étés à se régaler de la cuisine de sa grand-mère, qu'il a découvert son penchant pour le piquant. Son baptême avec ce produit hautement addictif a eu lieu très tôt, dans l'Ouest de l'Île où il a grandi et vit toujours. Il mangeait avec sa mère dans un restaurant de cuisine Szechuan. « Les piments séchés qu'on ajoutait à la nourriture m'intriguaient », se rappelle Laurence. « Goûte, lui a suggéré sa mère, tu verras bien. »

S'il n'a pas apprécié l'humour de sa mère, il admet avoir aimé les sensations physiques et le plaisir gustatif que le piment déclenchait en lui. Il s'est mis à mettre de la sauce piquante partout : dans sa vinaigrette, sur son poisson et même sur ses œufs le matin. Ce n'est que plus tard, en développant sa passion pour la cuisine, qu'il a commencé à douter de la pertinence d'altérer ainsi le goût des aliments. Le déclic s'est produit en 2011, alors qu'il mangeait dans un Steak House montréalais. Ce jour-là, il a réalisé à quel point sa viande goûtait le vinaigre lorsqu'il abusait de la sauce Tabasco.

Il s'est mis à faire des recherches. Il devait bien exister quelque part une sauce forte qui permettrait d'ajouter du piquant à ses mets favoris sans en affecter le goût. Il n'a rien trouvé. Ne restait plus qu'à l'inventer. Au bout d'une année d'expérimentation, la sauce Sinaï gourmet, un savoureux coulis de piments forts sans vinaigre, voyait enfin le jour. Elle contient des fines herbes fraîches, du jus de lime et une sélection de piments forts importés d'Amérique Latine et de Floride : le Jalapeño, le Habanero et le Fantôme (Ghost), considéré comme l'un des plus forts au monde jusqu'à l'apparition récente de nouvelles variétés hybrides. Chacune des trois sauces est offerte en version originale ou à l'érable. Le sirop utilisé provient de l'érablière du cousin et partenaire d'affaires depuis un an.

Le défi était d'inventer une sauce qui puisse se conserver assez longtemps au frigo une fois la bouteille ouverte. « Sans vinaigre, ce n'était pas évident », dit Laurence. Sa persévérance aura fini par porter ses fruits. Après un baccalauréat en sciences politiques, une maîtrise en administration, un détour par les banques et quatre années à vendre des chaussures de mise en forme, il a finalement trouvé son bonheur dans une cuisine. « Il y a des choses plus importantes que l'argent », dit-il.

N'empêche... Si les premières années ont été difficiles, ses coulis de piments forts se vendent maintenant dans la plupart des épiceries fines montréalaises et de plus en plus de chefs les adoptent dans leur cuisine. Il ne lui reste plus qu'à conquérir le monde et à profiter de la vie en remplissant la superbe cuisine de sa maison privée d'invités passionnés comme lui de bonne chère épicée.

Produits vedettes

SAUCE JALAPEÑO, ORIGINALE OU À L'ÉRABLE

Sans vinaigre, cette sauce à base de piments Jalapeño est idéale pour ceux qui n'ont pas l'habitude des mets épicés. On peut l'ajouter à presque tous nos aliments, allant de la marinade aux sautés de légumes. L'érable permet d'adoucir le côté piquant.

SAUCE HABANERO ORIGINALE OU À L'ÉRABLE

Plus épicée que la Jalapeño, elle plaira aux amateurs expérimentés de sauces fortes. La Habanero à l'érable convient très bien aux grillades sur le BBQ.

SAUCE FANTÔME ORIGINALE OU À L'ÉRABLE

Réservée aux amateurs de grandes sensations. Elle est préparée avec des gants et des lunettes de protection. Les piments Fantôme ont longtemps été considérés comme les plus forts au monde. À consommer avec modération !

Sinai Gourmet
Laurence Isaac
1-844-887-4624
Infos : www.sinaigourmet.com

DU PIQUANT DANS VOTRE ASSIETTE

« Les sauces fortes, c'est un peu comme la drogue », dit Jean-Michel Tremblay, employé de la boucherie Beau-Bien à Montréal. Plus on en mange, plus on en redemande. Depuis son baptême de feu, il y a environ un an, il explore avec bonheur cet univers gustatif en ajoutant du piquant à tout ce qui se mange, même sur sa crème glacée ! « Ça me rend euphorique », admet-il.

Lorsque le propriétaire de la réputée boucherie d'Hochelaga-Maisonneuve, Daniel Malo (alias le « gros Dan »), l'a pris sous son aile, il y a un an, le jeune diplômé de 26 ans de l'École hôtelière de la Capitale ne connaissait pratiquement rien au phénomène des sauces fortes. Sur les tablettes du commerce, on pouvait compter une trentaine de produits. Le « gros Dan » lui a donné sa carte de crédit et lui a dit : « Amuse-toi. Je veux qu'on développe ce créneau. »

Jean-Michel a relevé le défi avec brio. Il s'est mis à faire des recherches intensives sur Internet pour trouver des exclusivités. En quelques mois à peine, la boucherie de la rue Ontario est devenue la référence québécoise des amateurs et collectionneurs de sauces fortes. « Nous avons maintenant plus de 450 variétés de sauces fortes en magasin, dont une gamme pour collectionneurs qui se vendent à plus de 200 $ la bouteille », dit fièrement Jean-Michel. La plus onéreuse est proposée à 800 $. « C'est la 23e bouteille sur 999 dans le monde », précise-t-il. Fabriquée et signée par la compagnie Blair's, on l'achète essentiellement pour son look. Évaluée à 16 millions sur l'échelle de Scoville (unité de mesure pour évaluer

la force des sauces), on la consomme à nos risques et périls, prévient le jeune homme.

Dans la même section gardée sous clé, il pointe une bouteille de Mad Gringo Hot Sauce, d'une compagnie de Toronto. « Il n'y a que cinq exemplaires de cette bouteille dans le monde », note-t-il. Il a réussi à en acheter une dans un encan silencieux sur Facebook. D'ici trois mois, l'entreprise offrira dix exemplaires d'une sauce fabriquée exclusivement pour eux par la compagnie américaine Hellfire. Et si le projet de jardinage de Jean-Michel porte ses fruits, il espère être en mesure de mettre au point sa sauce maison d'ici l'an prochain.

PORK SHOP

Pour respecter l'esprit du commerce, ils se sont associés récemment avec la compagnie Pork Shop, un producteur de charcuterie de Mirabel qui leur prépare des saucissons secs, assaisonnés avec leurs sauces fortes. Une exclusivité au Québec.

Pour survivre aujourd'hui, les petites entreprises gagnent à vendre des produits qui allient qualité et originalité. Daniel Malo gère sa boucherie dans cet esprit depuis 15 ans en offrant notamment à sa clientèle des viandes de qualité exceptionnelle, dont le bœuf Wagyu élevé en Montérégie. Il admet aussi avoir pris soin de s'entourer d'une douzaine d'employés engagés et « flyés » qui, comme lui, aiment développer de nouveaux concepts.

Produits vedettes

LES SAUCES DAWSON'S (POUR DÉBUTANT)

Force évaluée à 300 000 et moins sur l'échelle de Scoville. Elles sont fabriquées à base de légumes (piment chipotle au goût de fumé, Jalapeño à l'ail). Une seule est à base de poire.

LES SAUCES HELLFIRE (POUR CONSOMMATEURS AGUERRIS)

Distributeur exclusif au Canada. Fabriquées à base de fruits au goût très piquant. Entre 700 000 et 1,5 million sur l'échelle de Scoville. Pour vous donner une idée, la sauce Tabasco équivaut à 2 500 sur l'échelle de Scoville.

LES SAUCISSONS SECS PORK SHOP

Ce sont les 16 variétés de saucissons secs à base de porc Berkshire et de porcelet du Bas-du-Fleuve. Plusieurs sont assaisonnés aux sauces fortes.

Les produits de la boucherie Beau-Bien sont vendus sur place.

Boucherie Beau-Bien
3748, rue Ontario
Montréal (Québec) H1W 1S2
(514) 527-0221
Infos : www.boucherie-beaubien.com

DES TRUFFES DE NOIX POUR DIRE « JE T'AIME »

Lorsque Maria Vasquez-Tessier croque dans sa truffe à la pâte de noix enrobée de noix de coco, elle ferme les yeux et sourit. Tout en elle se détend. Les souvenirs affluent, visiblement beaux et bons. De toutes les truffes façonnées de ses mains délicates depuis treize ans, celle-là demeure sa préférée. Souvenirs de vagues et de sable chaud, de soleil sur sa peau et de Marcel, son beau Marcel décédé récemment, toujours prêt à l'amener loin. « C'était notre projet de retraite », raconte Maria. Ses yeux noirs s'embuent. Le départ soudain de son compagnon a creusé un grand trou dans son cœur, mais elle continue, malgré son immense chagrin. Cette nouvelle occupation, qu'elle a appelée de ses vœux pendant des années, la fait vibrer plus que tous les emplois qu'elle a occupés dans le passé.

Elle se console en se disant que l'homme de sa vie, cet amant passionné qui aura réussi à l'arracher de sa terre natale pour l'emmener vivre au Québec, aura été à ses côtés assez longtemps pour voir se déployer leur rêve commun. « Nous nous sommes rencontrés en Californie », raconte Maria. Elle avait 25 ans et travaillait comme gardienne d'enfants dans une riche famille de Beverly Hills. Elle a croisé les yeux bleus de son Marcel pendant ses vacances d'été à San Francisco. Marcel participait à un congrès là-bas. Il est tombé fou amoureux d'elle. Après cette brève rencontre, il a remué ciel et terre pour la retrouver. Puis un jour, comme ça, il s'est présenté à la porte de la maison où elle travaillait. Ç'a été le début d'une belle et rocambolesque histoire d'amour.

Ensemble, ils ont eu deux beaux enfants et fait le tour de la planète. Marcel a pris sa retraite en 2000, après avoir dirigé plusieurs compagnies, toujours avec sa belle Mexicaine à ses côtés. « Il nous restait à cuisiner ensemble », dit Maria qui rêvait depuis un moment de commercialiser la recette secrète de pâte de noix de son arrière-arrière-grand-mère aztèque. « Je suis la seule au monde à faire ça », dit-elle avec une pointe de fierté dans la voix. Cherchez partout, vous n'en trouverez pas. » Je la crois sur parole. Je n'ai jamais rien gouté de tel. Un goût raffiné, légèrement salé, à peine sucré, rappelant le goût du beurre. Rien à voir avec la pâte d'amandes. Une douceur à s'offrir en fin de repas ou en apéro, enrobée tantôt de cardamome et de gingembre, de pistache et de safran, de thé vert, de cannelle, de dulce de leche, d'érable, de curcuma et j'en passe.

Au fil des ans, Maria a développé ainsi plusieurs enrobages pour ses truffes et prend un malin plaisir à nous faire découvrir l'accord alcool-truffe qui permet d'exalter le goût unique de chacune de ses créations. Avec à peine 5 g de glucides et 1,2 g de protéines par truffe, les douceurs de Maria sont une agréable alternative aux traditionnels chocolats de la Saint-Valentin et une porte d'entrée pour ceux et celles qui adorent se régaler de belles histoires d'amour.

Produits vedettes

TRUFFES DE PÂTE DE NOIX

Un savoureux mélange de noix de Grenoble et de pacanes broyées auxquelles Maria ajoute un peu de lait et de sucre. Chaque truffe est façonnée à la main avec amour, puis roulée dans différents enrobages au gré de la fantaisie de leur créatrice.

Quelques saveurs : fruits de la passion, érable, fleur d'oranger, moka, cardamome et gingembre, thé noir, noix de coco etc. À servir avec du fromage, thé, café et différents alcools pour exalter le goût de chaque truffe.

Tessier dit Lavigne
3137, boulevard Industriel
Laval (Québec) H7L 4P8
(450) 663-9361
Infos : www.tessierditlavigne.com

DU CIRQUE AUX JUS SANTÉ

Du jus vert bio… Pas très appétissant à première vue, mais surprenant au goût et rassurant pour les gens pressés, soucieux de leur santé, qui n'ont pas toujours le temps de s'alimenter sainement. Chez Enzymes, une PME fondée par deux jeunes globe-trotters montréalais, on jongle savamment avec le kale, le persil, les épinards, la poire et le gingembre pour en faire des breuvages énergisants aux saveurs parfois étonnantes.

Depuis juin 2014, Pascale Hancock et Jocelyn Bondu se lèvent chaque jour avant l'aurore pour préparer leurs « potions magiques » fabriquées à partir de fruits et de légumes bios pressés à froid pour s'assurer d'en conserver tous les enzymes, vitamines et minéraux. Ils les distribuent ensuite dans différents points de vente de l'île de Montréal (marché Atwater, centres de yoga etc.) ou les livrent au domicile de leurs clients montréalais sur demande.

Qu'ils soient verts, oranges, rouges ou jaunes, ces jus vitaminés aux saveurs variées ont la cote auprès des amateurs de yoga, des sportifs et des adeptes de l'alimentation crue. Depuis quelques années, on les voit apparaître partout. Pascale les a découverts à New York alors qu'elle et Jocelyn, son compagnon de vie, travaillaient pour le Cirque du Soleil. « J'ai toujours été passionnée par l'alimentation », raconte Pascale. Adolescente, des crampes abdominales récurrentes l'obligent à s'interroger sur les causes de ses malaises et, éventuellement, à revoir son alimentation. Elle a adopté un régime végétarien et s'en porte mieux depuis. « Plusieurs problèmes de santé peuvent être prévenus ou réglés en changeant simplement notre alimentation », croit-elle.

Pendant la présentation du spectacle Totem à New York, le manque de temps l'incite à fabriquer ses propres jus. « C'est une excellente façon de manger nos portions quotidiennes de fruits et légumes sans se forcer », note-t-elle. Elle achète son premier extracteur de jus, un Breville, qu'elle transporte partout avec elle. Impressionnés, ses collègues du Cirque se mettent à lui passer des commandes.

« Pascale et moi rêvions d'un projet d'entreprise en alimentation depuis un moment. Lorsque je lui ai fait part de mon projet de jus pressés à froid, il a tout de suite été emballé par l'idée», raconte Pascale. Pendant un an, ils expérimentent différents mélanges de fruits et légumes avec leur Breville et organisent des dégustations avec des collègues dans leur chambre d'hôtel. Sept recettes de jus voient ainsi le jour, dont un lait d'amande tout simplement fabuleux au goût. Rien à voir avec les marques commerciales connues que l'on retrouve dans nos supermarchés.

Le cirque est maintenant chose du passé pour les deux jeunes entrepreneurs de 26 et 34 ans. Leur entreprise a le vent dans les voiles et leur permet maintenant de vivre une vie plus stable, mais tout aussi trépidante. Un nouveau procédé de conservation leur permettra sous peu de distribuer leurs produits à plus grande échelle. La durée de conservation des jus passera de trois à trente jours. Une fois ouverts, ils peuvent être conservés trois jours au frigo.

Produits vedettes

IMMUNITÉ

Ce jus à base d'oranges, de carottes, de pommes et de citrons aide à prévenir les infections. Les propriétés antibactériennes du gingembre et du curcuma stimulent le système immunitaire.

GÉANT VERT

Contient du kale, de la laitue romaine, de la bette à carde, des épinards, du chou cavalier, du persil, du citron, de la poire, du concombre et du céleri. Une excellente source de chlorophylle.

CAYENNE

Un mélange de citron de gingembre, d'agave et de piment de cayenne. Le gingembre et le piment de cayenne aident à stimuler la circulation sanguine ainsi que le système digestif.

Enzymes
(514) 702-0042 ou (514) 709-0042
info@jusenzymes.com
Infos : www.jusenzymes.com